高歌今名师工作室
教育探索与实践

高歌今 / 主编

华

秋

实

天津社会科学院出版社

图书在版编目（ＣＩＰ）数据

春华秋实 ： 高歌今名师工作室教育探索与实践 ／ 高
歌今主编. -- 天津 ： 天津社会科学院出版社，2020.11（2023.12重印）
ISBN 978-7-5563-0685-5

Ⅰ．①春… Ⅱ．①高… Ⅲ．①学前教育－教学研究
Ⅳ．①G612

中国版本图书馆 CIP 数据核字(2020)第 233260 号

春华秋实 ： 高歌今名师工作室教育探索与实践
CHUNHUAQIUSHI:GAOGEJIN MINGSHI GONGZUOSHI JIAOYU TANSUO YU SHIJIAN

出版发行：天津社会科学院出版社
地　　址：天津市南开区迎水道７号
邮　　编：300191
电话/传真：（022）23360165（总编室）
　　　　　　（022）23075303（发行科）
网　　址：www.tass-tj.org.cn
印　　刷：北京建宏印刷有限公司

开　　本：787×1092　毫米　　　1/16
印　　张：18
字　　数：260 千字
版　　次：2020 年 11 月第 1 版　　2023 年 12 月第 2 次印刷
定　　价：58.00 元

前　言

　　名师工作室是以师德高尚、业务精湛的名师担纲主持,开展教育教学研究与实践的学术组织,是以首席名师姓名或专业特色命名的,吸引同一领域优秀教师参与组成的研究共同体。名师工作室的成员是教师队伍中的精英,是敢于实践、乐于创新、敏于捕捉、精于积累、善于总结、勤于思考的奇兵,是能够起轴心、驱动、辐射、稳定和促进作用的中坚力量。名师工作室的使命及其组织形式应具有先进性、时代性和实践性的鲜明特征。

　　高歌今,天津市河东区第一幼儿园党支部书记、园长,正高级教师,曾荣获天津市特级教师、天津市劳动模范、天津市优秀共产党员、天津市教育系统优秀思想政治工作者、河东区十大为民杰出人物。2015 年当选为全国教书育人楷模,2017 年初当选天津市河东区第十五届政协委员,2018 年获河东区专业技术突出贡献人才称号。曾主持撰写了《幼儿生活教育的研究与实践》专著;主持的《创建以弘扬优秀传统文化为园所特色的实践研究》申报了国家及市级重点课题,课题成果获中国学前教育研究会二等奖;主编的《中华传统文化幼儿教育丛书》及《中华启蒙教育系列教程》先后出版发行;2014 年以来 4 篇论文获得国家和市级论文评选奖项,在市级刊物上发表论文 2 篇;在省部级刊物介绍高歌今教育理念文章 2 篇。2018 年,河东区教育局为了发挥名师工作室的效应和作用,着力提升幼儿园教师队伍人才培养与教学科研创新的质量与水平,以名师高歌今领衔,集河东区第一幼儿园、河东区第二幼儿园和河东区第三幼儿园等优秀教师十名,正式挂牌成立高歌今名师工作室。这是天津市河东区教育局以名师带动教师队伍建设的重要举措。

　　高歌今名师工作室成立以来,以"专业提升、示范引领、教学研讨、科学发展"为宗旨,以"志存高远、德才并重、情理兼修、勇于开拓"为培养目标,为中青年名师专业成长搭建平台,提升教师专业素养,努力打造河东区学有专长、术有专攻的学前领域知名教师。工作室从工作制度上、研究内容上着眼于幼儿教育、教师未来的发展,研究的主题有前瞻性,来源于教育教学实践,关注当前教育改革的方向,关注时代幼儿发展的动向,关注幼儿园教育教学亮点或存在问题。工作室整合教育资源,有效地提高教师研究能力,提升教育教学水平,促进幼儿素质的发展。

　　高歌今名师工作室对内倡导民主,在研究过程中,不搞一言堂和绝对权威,允许有不同的声音和不同的见解,百家争鸣、百花齐放,争论、争鸣之中碰撞出智慧的火花。因此,工作室经常开展教育活动研讨、专题交流、学术沙龙、研究报告会、教师论坛、公开教学、调查报告等一系列活动,不断实践、总结、反思,研究水平整体提升。同时,工作室对外积极交流,开展成果展示活动,宣传和推广研究成果,不断扩大影响力,吸引更多的人员关注、参与,形成工作室内外互动的研究局面,使研究形式更加多元。

　　高歌今名师工作室的成立,充分发挥了名师的示范、辐射和指导作用,实现了资源共享、智慧生成、全员提升的目的,培养了一批师德高尚、造诣深厚、业务精湛的教师。《春华秋实——高歌今名师工作室教育探索与实践》是高歌今名师工作室两年来取得的工作成绩的呈现,这些成果倾注了工作室成员的智慧、辛勤与汗水。这个历程有艰辛、有快乐,更有着丰硕的收获和无尽的感悟。每组织出一个经典活动、研究出一个典型案例、撰写出一篇经典课题,工作室成员都能看到自身能力的不断提高,体味到收获的快乐和幸福。正是因为有了大家扎实的实践和探索,才有了今天的收获。

　　春天是个播种的季节,孕育着希望,预示着未来的收获。成立两年的高歌今名师工作室,正如春天的花蕾,在大家的精心浇灌下,它定会开花、结果,必将迎来更美好的未来。

2020 年初春

目　　　录

第二编　事中寓理——教育叙事篇

第三编　修炼提升——教育案例篇

第四编　专业发展——教育活动篇

第五编　实践创新——教育探索篇

第六编　　潜心研究——研究成果篇

序　编

引领共发展——走进高歌今名师工作室

 **篇一**

以爱育爱,携手前行,共筑教育之梦
——高歌今名师工作室领衔人高歌今

　　高歌今,天津市河东区第一幼儿园党支部书记、园长。2012 年获得天津市特级教师称号,2018 年取得正高级教师资格。曾荣获天津市教育系统师德先进个人、天津市五一劳动奖章、天津市劳动模范、天津市优秀教师、天津市优秀党员、天津市教改积极分子、天津市建功立业先进女职工、河东区十大为民杰出人物等荣誉称号。2015 年,高歌今光荣地当选为全国教书育人楷模,接受李克强总理的亲切会见,聆听了总理对获奖教师的谆谆教诲,同年还受邀参加了在人民大会堂举行的国庆招待会, 和来自全国各地的教育二作者共庆中华人民共和国华诞。

图 1.1　高歌今

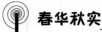
一、用信念扎根教育

一位好校长就是一所好学校,是一面旗帜,是一个品牌。高歌今在以此诚勉自己的同时,努力创设全方位的"双师"素质塑形工程,做到以事业凝聚人,以创新吸引人,以爱心团结人,以机制稳定人,努力打造出一支思想作风硬、品德素质高、专业能力强、发展个性化的师资队伍。在河东区第一幼儿园(以下简称"河东一幼")的教师中有"60后",也有"90后",针对教师发展的不同需求,高歌今将生涯发展与时间序列作为引领教师专业发展的研究思路,让不同年龄阶段的教师明确角色发展定位,拥有自己的发展目标,拥有自己的历练舞台、拥有自己的精彩成长。高歌今组织开展骨干教师教学论坛、青年教师教学比武、新入职教师职前培养,在团队的人文关怀之下,倾心打造出善于学习、善于合作、能够引领与促进园所发展的坚实的教师力量。

二、用特色引领教育

"生活教育,和谐发展"是河东一幼的办学特色,高歌今深入挖掘"生活教育"的价值,创设全方位的育人环境,让幼儿能够"以行求知",主动学习,长远发展,终身受益。幼儿园不仅种植了不同树木,还有一个种植园,老师与孩子们一起种植黄瓜、丝瓜、葫芦、柿子等,孩子们和老师一起认识种子、查找播种方法、学习种植技巧,在种植园里去寻找、观察、发现、比较和制作,孩子们能准确地告诉你喷水器的使用方法、把蔬菜做成餐桌上美味食物的方法,等等。

三、用爱心点亮教育

高歌今坚持十多年组织全园师幼和家长开展"爱心永驻"工程,"全国助残日"爱心奉献活动以及真情义卖等捐献活动。太阳城社区帅帅小朋友家庭困难,靠低保维持生计,他的父亲因独自照看她而无法出去谋生,感受到家长渴

望让孩子接受教育的强烈愿望后,高歌今当即和幼儿园班子成员研究减免帅帅部分学费,其余部分由她自己出资捐助帅帅在幼儿园就读。在七年的时间里,四个社区的很多小朋友都接收到了爱的礼物、感受到了爱的温暖,体味到了人间的真情。正是在这以爱育爱,携手同行的过程中,孩子们的心里种下了爱的种子,学会关爱、学会感恩、学会生长。

附:工作室领衔人高歌今获得荣誉称号

1995 年	天津市优秀教师
2006 年	天津市五一劳动奖章
2008 年	天津市教改积极分子
2009 年	天津市劳动模范
2011 年	天津市优秀党员
2011 年	天津市建功立业先进女职工
2012 年	天津市特级教师
2014 年	河东区十大为民杰出人物
2015 年	全国教书育人楷模
2018 年	正高级教师职称

努力奔跑,追逐学前教育美好之梦

——高歌今名师工作室成长记

"百年大计,教育为本。教育大计,教师为本。"培养优秀的教师队伍是教育发展的重中之重。名师工作室在名师的引领下,凝结有理想、有追求的骨干教师智慧,以教育教学、教科研为主要研究领域,发挥自身辐射作用,将研究成果直接转化为教育发展的推动力。

2018年5月,天津市河东区教育局为着力提升本区教师队伍人才培养与教学科研创新的质量与水平,通过成立名师工作室这一共守初心、共立信念、共钻共研、共享共创的重要载体与平台,努力建设一支具有新时代教育素养、充满新时代教育智慧的名师核心团队。这一举措的目的在于充分发挥与优化示范园、领衔人辐射引领的"品牌力量",着力培育和打造优秀名师团队,为教师专业队伍发展培养骨干力量。经河东区教育局党委和教育局批准,河东区教育系统共设立34个名师工作室。高歌今名师工作室应运而生。

2018年8月,高歌今名师工作室正式挂牌,工作室以"专业提升、示范引领、教学研讨、科学发展"为宗旨,以"志存高远、德才并重、情理兼修、勇于开拓"为培养目标,为给中青年名师专业成长搭建平台,提升教师专业素养,打造河东区学有专长、术有专攻的学前领域知名教师而努力。

一、优化队伍　严谨治学

1.成员甄选,组建团队

高歌今名师工作室经过认真甄选,汇集了天津市河东区三所示范幼儿园中 10 名中青年骨干教师,并结合成员自身特点,每两人一组,从教育教学五大领域制定自身研究发展方向,让成员们能更好地发挥自身的特长,同时坚固团体,均衡发展,为打造"一专多能"的名师队伍奠定基础,为成员们能有的放矢地进行教育科研提供了条件。

王君玲,女,河东区第二幼儿园一级教师,天津市河东区教育系统校级优秀教师,河东区第二幼儿园总园大班组教研组长。

宁宇,男,河东区第一幼儿园一级教师,曾获天津市幼儿园教师教育教学技能竞赛一等奖。

李冬媛,女,河东区第二幼儿园一级教师,天津市河东区教育系统优秀教师,河东区第二幼儿园总园中班组教研组长。

李金丽,女,河东区第二幼儿园一级教师,天津市河东区教育系统师德先进个人,河东区第二幼儿园平河园大班组教研组长。

李南,女,河东区第三幼儿园一级教师,天津市河东区教育系统优秀共产党员。

李蕊,女,河东区第一幼儿园高级教师,天津市师德先进个人、河东区名师。

张丽,女,河东区第一幼儿园一级教师,天津市河东区教育系统感动河东教育人。

张虹,女,河东区第一幼儿园高级教师,天津市劳动模范,河东区名师,河东区第一幼儿园总园教研组长。

范静,女,河东区第一幼儿园一级教师,天津市河东区感动河东教育人,河东区第一幼儿园金太阳园小班组教研组长。

冀娜,女,河东区第一幼儿园一级教师,曾获天津市第六届幼儿园教育教学改革专题研究一等奖。

工作室从三方面明确工作任务：

(1)指导青年教师。制订工作室工作方案和成员培养方案,指导和帮助工作室成员在工作周期内达到培养目标。通过有目标、有步骤的培训,力求使本室成员实现"师德修养出样板,课堂教学出质量,课题研究出成果,管理岗位出经验"的目标。发挥工作室成员们在本学科中的示范、辐射和带头作用,力争形成名优群体效应。建立"名师工作室"主持人及成员个人档案,记录每个成员的成长足迹。档案包括成员个人发表文章、优质教案、学习笔记、获奖证书等资料,反思自己的成长历程,为工作室的后续发展提供资源。

(2)开展课题研究。以工作室主持人专长为基础,以工作室成员集体智慧为依托,针对教育教学实践中的重点、难点问题进行专题研究,在一个工作周期内形成一个专项研究课题并取得相应成果,撰写出一定数量的高质量论文或专著,促进学科教学的理论建设。

(3)推广教学成果。"名师工作室"的教学教研成果以论文、专著、讲座、公开课、研讨会、报告会、名师论坛、现场指导、观摩考察等形式在全园、全区范围内介绍、推广。

2.规范制度,严谨运营

为了顺利、有效地开展工作,工作室成员在充分讨论的基础上共同商议制定了方案、三年发展规划及目标,制定了工作室的各项规章制度,确定了"让青年教师成为骨干、让骨干教师成为名师,让名师成为特级教师"的发展方向。工作室不仅制定和完善了三年总体规划,而且每个学期都有学期工作计划、学期工作要点。每位成员制定了个人三年发展计划和学年度工作计划,明确各自的职责、任务及近期、中期和远期目标等。这一目的是督促全体成员有计划地按进度开展工作,以制度规范工作室各项工作的开展。每学期结束,工作室及成员个人都要对一个学期的工作进行阶段性小结,总结经验,找工作差距,在不断地总结与反思中提升自己的教育教学水平。

二、加强学习,提升素质

1.读书交流,提升素养

工作室针对成员自身发展需求订阅了十余种教育杂志,百余册教育科研、教学研究以及教师发展不同类别的书籍供学员们自主学习。通过撰写读书笔记,开展读书交流活动,提高学习效果,提升教育认识,提升教师专业素养。

2.悉心聆听,体验感悟

为了打造一支研究型教师队伍,三年中工作室先后邀请了天津市河东区天铁教育中心陈自鹏教授,天津市教育科学研究院刘金明教授,天津师范大学陈冬华教授,教育部特派香港首届教学指导张建伟,天津师范大学学前教育学院王麒老师,教育专家、原河西二十六幼邱慧园长,天津市和平区教师进修学校学前教研员付莹老师以及天津市心理学会常务理事、天津师范大学教授、硕士研究生导师唐卫海,从成员所需解决的问题出发,开展有关学前教科研专题研究及教育教学实操策略的培训活动。在认真听取学习的过程中,成员们找到了教科研研究方法及切入点,在专家答疑解惑的过程中,领悟教科研研究方向,大家仿佛"拨开云雾见天日",收获的不仅是专业知识,更多的是对教学研究的热忱和投入教学研究的迫切心情。

3.外出学习,开阔视野

在学前教育飞速发展的今天,闭关造车必将落伍,工作室为成员们提供外出学习的机会,提倡"走出去,开阔眼界,学思践悟",三年中成员们分别去往南京参加全国 STEAM(集科学、技术、工程、艺术、数学多领域融合的综合教育)学术研讨会;去往北京参观学习;参加市里组织的教育教学培训项目。成员们及时写下心得,反思自身的不足,把所获与同伴分享。学习让成员们开阔了眼界,大家能够把别人经验在实践中反复应用,坚持学以致用,为我所用。

4.交流研讨,共同提高

时代在发展,互联网的诞生改变了人们沟通及学习方式,工作室引进现代化教研模式,先后创建了微信群、微信公众号——名师之窗和"棒棒哒"

App(应用程序),大大提高了教研实效性。不仅如此,工作室每月中旬开一次例会,每月围绕一个主题进行交流、研讨,先后开展了"主题性区域活动教师指导策略"研讨会、"让幼儿成为绘本阅读的主人"主题沙龙活动、"名师成长之路之我见"探讨活动,成员们总结出行之有效的方法和策略,促进工作室园所教育教学质量的提高。形成有价值、有共性的观点推送到园所公众号,与同行进一步分享、交流,发挥了工作室辐射作用。

三、专心科研,把握前沿

1.聚热难点,深入研究

习近平总书记在全国教育大会上提出"我们的教育必须把培养社会主义建设者和接班人作为根本任务",作为学前工作者,我们承载着培养社会主义接班人的重任。民族复兴、实现中国梦必须充分汲取优秀传统文化的正能量,必须充分挖掘和汲取中华优秀传统文化的宝贵资源。工作室以"十三五"课题"在园所开展中华优秀传统文化特色教育的深化研究"为契机,以将中国传统文化融入幼儿主题区域游戏活动中为研究内容,开展名师引领、骨干研磨、群体助力、辐射带动等一系列活动。

"教而不研则浅",名师工作室领衔人在自身积极开展教育教学研究的同时,带动工作室成员自主进行课题研究,针对学前教育教学实践中及幼儿园传统文化课题研究中遇到的重难点问题进行专题研究,分工协作、给工作室成员压担子,要求至少完成一个区级以上重点研究课题并取得相应成果,撰写一定数量的高质量论文或专著。三年来,成员们在压力与动力驱使下,人人硕果累累。李蕊老师开展课题"幼儿园指导家庭开展亲子绘本阅读的有效策略研究"并撰写的论文荣获市级成果认定;李冬媛老师参与课题《3-6岁儿童学习与发展指南》背景下绘本阅读理解能力策略";王君玲老师参与中国教育学会课题"幼儿教师情绪劳动过程的叙事研究";范静老师参与天津市课题"主题活动下幼儿科学探究活动的实践研究"以及天津市"十三五"规划课题

"主题背景下幼儿科学探究活动的实践研究";冀娜老师参与天津市第七届幼儿园教育教学改革专题研究课题"体育游戏对中班幼儿运动能力发展的实践研究",她本人主持的"在孝亲主题游戏活动的研究中促进幼儿主体性的发展"经"天津市第六届幼儿园教育教学改革专题研究"评审组评审获得一等奖;张虹老师参与的课题"创建以弘扬优秀传统文化为园所特色的实践研究"荣获国家级二等奖。2019年中旬到2019年学期末,工作室将每位成员取得的成果经验制定成册,筹备出一部有关教育教学的书籍,把工作室的研究经验分享给姊妹园,为河东学前教育发展尽自己微薄力量。工作室争取在科研活动中带出一支科研型队伍,使整个工作室形成浓厚的学术研究氛围,力争每位成员都能在科研中做出成绩。

2.集体助力,优化教学

培养骨干教师,培养优秀人才是工作室重要的工作任务。"立德树人"是教师的根本,这要求老师们不仅要有高尚的师德,还要具备过硬的教学能力。为此,工作室成立以来定期开展"一课多研"活动,在观课、磨课、研讨中,成员们在领衔人的带动下找问题、提策略、总结经验、反复实践并把研究成果向全区姊妹园开放,受到区教研室老师及老师们的称赞与认可。李蕊老师的经验成果还荣获了第十届天津市优秀活动评比一等奖的好成绩。

3.搭建平台,互助成长

工作室要发挥示范引领作用,首先就要拥有一支师德高尚、业务精良的工作团队,为此工作室为每一位教师提供成长平台。近期工作室领衔人高歌今参加河东区名校长论坛并取得一等奖好成绩,工作室成员在领衔人带领下,成绩不凡:张虹老师入选天津市"卓越教师培养工程成员",王君玲等四名教师被河东区"领航教师工程"纳为培养成员。同时经过磨炼成长,张虹老师荣获"天津市优秀教师称号",李蕊老师荣获"天津市师德先进个人称号",这两位老师同时被授予"河东区名师"称号。张丽、李南、李金丽老师分别在各自园所被评为教育教学先进分子。成员多篇论文荣获市区级奖项。工作室成绩初见成效。

4.辐射引领,协同发展

工作室在两年的运营中,不仅潜心打造精品团队,研磨提升,还发挥自身的辐射作用,先后对"蓟州乡村园""民办联盟园"的协同发展给予帮助。工作室认真分析乡村幼儿园和民办幼儿园各自存在的问题,对于急需解决的问题从人力、物力给予帮助与支持,先后开展了"专家系列培训讲堂",从理论、理念上引领乡村幼儿园和民办幼儿园的发展,同时开展工作室成员"公开课展示活动",从实践中提升乡村民办幼儿园教师的专业技能,间接促进教师专业化成长。工作室把引领活动制作成教学集供乡村、民办幼儿园教师使用,同时发动园所幼儿开展为乡村幼儿园宝宝集书活动,让每一个幼儿获得同样的教育尽自己微薄的力量,最大程度地发挥工作室的社会效益。

名师工作室让成员们感到充实而快乐,成员们共同的努力得到回报,大家的梦朝着同一个方向飞翔。

 篇 三

高歌今名师工作室足迹录

一、高歌今名师工作室成立

1.时间

2018 年 9 月 3 日

2.活动主题

成立高歌今名师工作室,构建学习共同体

3.主持人

高歌今

4.参加人

高歌今名师工作室全体成员

5.活动内容

2018 学年,在各级领导的关怀下,高歌今名师工作室成立了。工作室共有 11 名成员,大家认真贯彻落实党的十九大关于学前教育的重要指示以及相关文件的要求,以

图 1.2　高歌今名师工作室挂牌成立

"专业提升、示范引领、教学研讨、科学发展"为宗旨,关注教育前沿,重视典型引领,为本工作室教师成长搭建阶梯,提升学科素养、开阔研究视野,从而促进工作室成员的迅速成长。

图1.3 研讨活动

二、"区域游戏活动中教师的观察与指导"教研活动

1.时间

2018 年 10 月 12 日

2.活动主题

观摩共学习,教研促成长

3.主持人

高歌今

图1.4 工作室成员集体学习

4.参加人

河东区幼教研室教研员

高歌今名师工作室成员

李艳名师工作室成员

5.活动内容

为引领工作室教师聚焦高质
量教育,转变教育理念,形成专业
态度,以促进教师在教学研究中
不断超越自我,破解教育瓶颈、障
碍,不断提升自身专业素养,提高

图 1.5　工作室成员观摩游戏活动

自身教学能力为目标,高歌今名师工作室邀请河东区幼教研室教研员以及李
艳名师工作室成员等共同观摩了参加市优评选的李蕊老师组织的主题性区
域游戏活动,并就"区域游戏活动中教师的观察与指导"问题展开研讨。研讨
中工作室成员积极发言,对李蕊老师"区域游戏活动的组织与指导"给予高度
评价,同时结合自身的教育实践提出了一些共性的问题和困惑,碰撞出集体
智慧的火花,梳理出有效、适宜的游戏指导策略。此次活动,在工作室共同实
践成长的路径中实现着每一位教师的专业提升。

图 1.6　工作室成员交流心得

三、高歌今名师工作室发展规划和推动研讨会

1.时间

2018 年 11 月 2 日

2.活动主题

目标引领共谋发展,各展风采蓄力启航

3.主持人

高歌今

4.参加人

高歌今名师工作室全体成员

5.活动内容

为进一步规划和推动工作室的发展,引领工作室成员共谋发展,助力教师专业成长,高歌今名师工作室全体成员开展了一次以"规划发展路径、设定发展愿景、团队合力共建"为内容

图 1.7　研讨现场

图 1.8　规划发展路程得以确定

的集中交流和分享活动。此次活动紧密围绕工作室阶段工作重点、工作室成员专业提升的核心目标展开。成员们分别与大家交流了自己的年度个人发展规划，进一步明确了发展目标和努力方向。通过展示、交流与分享，工作室成员增进了了解，增强了自信和成就感，形成了积极向上的工作心态，这有利于推动工作室高效持续发展，帮助成员在工作室的平台上实现个人自我价值，实现未来美好的发展愿景。

四、"谈教师为何及如何做教科研"专题培训

1.时间

2018 年 11 月 29 日

2.活动主题

专家引领树立教师科研意识，团队共学提升教师科研素养

3.主持人

高歌今

4.参加人

河东区幼儿园五个名师工作室成员

河东区第一幼儿园协作组教师代表

河东区第一幼儿园联盟园教师代表

5.活动内容

为更高效地发挥名师工作室的引领辐射作用，促进河东区名师工作室团队间的协作交流、共学共赢，着力提升名师团队教师们的教育科

图 1.9　专家培训现场

研能力与专业化成长,由高歌今名师工作室牵头组织开展了以"谈教师为何及如何做教科研"为主题的专题培训活动。河东区天铁教育中心陈自鹏教授围绕"教师为何做教研、如何做教研"两个问题,从理论高度引领工作室成员转变思维方式,探寻教育本质,聚焦教育实践真问题,找寻适合自己的研究内容,确立自己的研究主题,通过科学规范的研究路径得出真正有意义、有价值的研究成果,让教育改革创新实践活动落地生根。本次活动对于所有名师工作室领衔人及成员而言是一场专业学习的盛宴,为引领河东区学前教育积极开展教科研工作开启了一种全新的思维模式。

五、以"提升素质、专业引领"为主题的培训活动

1.时间

2018 年 12 月 13 日

2.活动主题:

提升素质、专业引领

3.主持人

高歌今

图 1.10　培训活动现场

4.参加人

高歌今名师工作室全体成员

5.活动内容

高歌今名师工作室以"提升素质、专业引领"为主题开展了第五次名师工作室活动。此次活动工作室领衔人高歌今带领成员学习了教育部研究制定的《新时代幼儿园教师

职业行为十项准则》等相关内容,观摩天津市优秀教育活动评选的李蕊老师绘本阅读教学活动录像课,开展了"让孩子成为自主阅读者"主题沙龙活

图1.11 学习交流现场

动,分享成都学访培训情况等多项内容。在学习中大家结合自己的工作实际谈做法、谈经验,在智慧火花的碰撞中提升专业能力。

六、"提升教师教育科研能力,助力教师专业化成长"专题培训

1.时间

2018年12月19日

2.活动主题

提升教师教育科研能力,助力教师专业化成长

3.主持人

高歌今

4.参加人

河东区幼儿园五个名师工作室成员

河东区第一幼儿园协作组教师代表

河东区第一幼儿园联盟园教师代表

5.活动内容

教育科研是园所发展的第一动力,更是教师提升专业素质和专业水平的重要途径。2018年12月19日,高歌今名师工作室参加了在河东区第二幼儿

图 1.12　专题培训现场

园举行的以"提升教师教育科研能力,助力教师专业化成长"为主题的专题培训活动。此次活动荣幸地邀请到天津市教育科学研究院的刘金明教授。刘教授从充分认识教育科研的重要性、了解教育科研的一般过程、如何撰写研究报告等几方面深入浅出地为工作室成员展开了一场精彩的讲座。此次讲座为促进教师积极开展科研工作增添了强大动力。刘教授耐心地答疑解惑,引领每位工作室成员把握教育实践,关注教育现实真问题,通过科学规范的研究方法和规律撰写有价值的研究成果,真正实现教育改革创新实践活动落地生根。

七、以"分享、交流、提升、发展"为主题的阶段性总结活动

1.时间

2019 年 1 月 8 日

2.活动主题

分享、交流、提升、发展

3.主持人

高歌今

4.参加人

高歌今名师工作室全体成员

5.活动内容

　　为了让工作室每位成员在不断前行的路上，梳理自我专业发展的新思想、新成长和新成果，在实践、多种研修和专家引领中多元发展，不断地进行自我反思、自我提升和自我完善，从而更加深刻地体验教师专业成长的快乐，2019 年 1 月 8 日，高歌今名师工作室开展了以"分享、交流、提升、发展"为主题的阶段性总结活动。此次活动中，工作室领衔人高歌今就工作室过去一学期的各项工作进行了全面总结，肯定了每位工作室成员积极参与探索教育教学实践，更肯定了大家对教育梦想潜心教育、行动研究的坚守。各位成员表示大家将在相互协作、相互激励、相互促进、互助发展中共创工作室的美好未来。

图 1.13　工作室成员对阶段活动进行梳理

八、以"幼儿教师组织幼儿园体育活动必备的知识、技能"为主题的专题培训活动

1.时间

2019 年 4 月 19 日

2.活动主题

幼儿教师组织幼儿园体育活动必备的知识、技能

3.主持人

高歌今

4.参加人

河东区幼儿园五个名师工作室成员

河东区第一幼儿园协作组教师代表

河东区第一幼儿园联盟园教师代表

5.活动内容

2019 年 4 月 19 日,由高歌今名师工作室牵头,河东区幼儿园各名师工作室全体成员及联盟组姊妹园青年教师参加的以"幼儿教师组织幼儿园体育活动必备的知识、技能"为主题的专题培训活动顺利举行。此次培训活动,荣幸地邀请到了天津师范大学陈冬华教授。陈教授从幼儿园体育活动的目标、意义、作用、开展幼儿体育活动

图 1.14　专家培训现场

的现状和具体表现、科学地安排幼
儿的体育活动、幼儿基本体操的内
容与要求及幼儿体育游戏的开展
等几方面进行了深入细致的理论
阐述。此次培训使老师们获益匪
浅,既提高了青年教师组织体育活
动的专业知识水平,又提升了名师
工作室成员的体育专业素养,使教
师们对幼儿体育教育教学有了新
的认识和思考。

图 1.15　专业指导现场

九、开展"基于实践研修,用专业思考,提升专业性"活动

1.时间

2019 年 4 月 25 日

2.活动主题

基于实践研修,用专业思考,提升专业性

3.主持人

高歌今

4.参加人

高歌今名师工作室全体成员

5.活动内容

为了提高工作室成员的教育思维能力与教育策略水平,解决工作中的实
际问题与困惑,助力教师突破职业瓶颈期,使自身专业水平得到再发展,从根
本上增强自身专业成长的内生力,高歌今名师工作室开展了"基于实践研修,
用专业思考,提升专业性"活动。此次活动对李玉玲老师展示的数学活动"挂
彩灯"进行观摩,根据重点深入地观察、记录幼儿自主探究过程、师生互动中

的支持性指导策略运用以及同伴分享交流过程。通过此次教学研讨活动,使教师们深刻认识到在教学中不应只求"如何做"的技术,更要进行"为什么做"的深究。教师要在教学实践中不断提升自我的实践能力,践行"教学有法、教无定法、贵在得法"的理念,在不断地内化与建构中逐步完善自我、发展自我、超越自我,实现自我专业成长与发展。

图 1.16 专业培训现场

图 1.17 专业研修现场

十、"辐射引领,助推提升"为主题的教学研修活动

1.时间

2019 年 5 月 10 日

2.活动主题

辐射引领,助推提升

3.主持人

高歌今

4.参加人

高歌今名师工作室全体成员

河东区第一幼儿园协作组教师代表

河东区第一幼儿园联盟园教师代表

农村幼儿园园长培训班学员

5.活动内容

2019 年 5 月 10 日,高歌今名师工作室开展了以"辐射引领,助推提升"为主题的教学研修活动。活动中大家观摩了艺术、健康、社会、语言四个活动,从建构式课程实践中领悟建构式课程以建构为核心,以"儿童发展为本"为主旨,强调幼儿兴趣与多领域融合教育,注重学习主体的认知过程,重视学习主体通过自我建构获取新经验,并发展为自己的认知结构课程特点。对建构课程教学的研究和探索,也是每位工作室成员进行自我学习的一个过程,在领衔人的引领下,成员们对建构式课程内涵以及建构课程有了更深层次

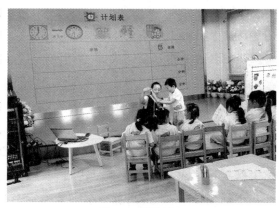

图 1.18　研修活动

图 1.19　观摩学习

的理解，转变了以往教育理念的固化思维模式。思考自身专业发展方向也不只是一种外在的驱动任务，而是成为提高教育质量、努力发挥辐射作用的一种内在需求。

十一、"促进幼儿思维发展，积极做好入学准备"培训活动

1.时间

2019 年 5 月 16 日

2.活动主题

促进幼儿思维发展，积极做好入学准备

3.主持人

高歌今

4.参加人

高歌今名师工作室全体成员

李艳名师工作室全体成员

河东区第一幼儿园协作组教师代表

河东区第一幼儿园联盟园教师代表

5.活动内容

教师专业发展是一个学习过程，专业发展意味着教师持续学习。为了引领工作室每位成员对教育教学进行理性思考，积淀教育教学智慧，科学做好幼儿小幼衔接工作，由高歌今名师工作室牵头，邀请曾任教育部特派香港首届教学指导张建伟，从数学的角度进行了"促进幼儿思维发展，积极做好入学

准备"培训活动。 培训中张老师用精深的专业知识,坚实的教育学、心理学、学科教学理论知识,扎实的教研科研知识,娴熟的教育技术,旁征博引,从生活、思维、训练三个角度引领大家改变幼儿数学学习方式,提升数学学习认知,优化数学教学活动,创新数学教学方式。此次培训使教师们受益匪浅,必将引领每位教师将所学运用于教学实践中,将教学与学习融为一体,不断提高自身教育教学的综合素养,努力实现自身可持续的专业成长与发展。

图 1.20　培训活动现场

图 1.21　工作室成员认真聆听报告

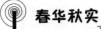
十二、"玩转教学——让教育活动有趣有效"系列研究专题活动

1.时间
2019 年 9 月 24 日
2.活动主题
玩转教学——让教育活动有趣有效
3.主持人
高歌今
4.参加人
高歌今名师工作室全体成员
5.活动内容

图 1.22　活动现场

图 1.23　交流现场

工作室领衔人高歌今对新学期指导思想、工作目标、工作措施三方面内容进行详细地介绍与阐述，特别强调要把提升每一位成员师德修养、教育教学理念与能力三方面工作放到首要位置。通过"玩转教学——让教育活动有趣有效"系列研究专题活动，提高工作室成员研课、磨课实效性，切实提升成员教育教学及研究水平，着力打造特色工作室、品牌工作室。本次活动拉开了新学期工作序幕，使成员们明细了工作目标，为工作室的长期、健康、稳定发展奠定了基础。

十三、以"幼儿美术欣赏活动——内容与指导建议"为主题的专题培训活动

1.时间

2019 年 10 月 23 日

2.活动主题

幼儿美术欣赏活动——内容与指导建议

3.主持人

高歌今

4.参加人

河东区幼儿园九个名师工作室全体成员

河东区第一幼儿园联盟园教师代表

5.活动内容

　　为更高效地发挥名师工作室的引领辐射作用,促进河东区名师工作室团队间的协作交流,共学共赢,着力提升名师团队教师们在日常教学中提高幼儿美术欣赏活动的能力,由高歌今名师工作室牵头,组织开展了一次以"幼儿美术欣赏活动——内容与指导建议"为主题的专题培训活动,此次活动荣幸地邀请到了天津师范大学学前教育学院的王麒老师。王老师围绕"幼儿美术欣赏内容的选取"和"幼儿美术欣赏活动中教师的指导策略"两个问题,将理论知识和自己的生活感悟相结合,引领工作室每位成员探寻和理解开展幼儿美术欣赏活动的初心,为所有名师工作室领衔人及成员提供了一场美的学习体验,为引领一线教师积极开展幼儿美术

图 1.24　专家讲座现场

欣赏活动开启了全新的视角。

十四、以"幼儿园音乐教学中歌唱活动设计"为主题的专题培训

1.时间
2019 年 11 月 7 日
2.活动主题
幼儿园音乐教学中歌唱活动设计
3.主持人
高歌今
4.参加人
河东区幼儿园九个名师工作室所有成员
河东第一幼儿园联盟园的教师代表
河东区民办普惠幼儿园教师代表
5.活动内容
为提升幼儿园教师的教学技能,促进教师专业成长,由高歌今名师工作室牵头,邀请教育专家、原河西区第二十六幼儿园园长邱慧开展了以"幼儿园音乐教学中歌唱活动设计"为主题的专题培训活动。培训中邱园长从德、智、体、美、劳五个方面,以《幼儿园工作规程》的保教目标为导向,向老师们介绍了音乐活动的设计目标与内容、歌唱的教学任务以及三段式教学的活动组织与设计,为教

图 1.25 专题培训现场

师们梳理了每个阶段的目标和任务，并耐心解答了教师们在音乐教学工作中的困惑。通过此次培训，激发了教师参与教学研讨的积极性，促进了教师间的互帮互助、携手共进，充分发挥名师工作室的引领作用。

图 1.26　名师指导现场

十五、以"多元智能理论与运用"为主题的心理学知识专题讲座

1.时间

2019 年 11 月 19 日

2.活动主题

多元智能理论与运用

3.主持人

高歌今

4.参加人

河东区幼儿园九个名师工作室所有成员

河东区第一幼儿园联盟园的教师代表

河东区民办普惠幼儿园教师代表

5.活动内容

为进一步提高幼儿教师专业化发展水平，促进和帮助教师掌握更多幼儿心理学知识，更好地指导教师开展工作，由高歌今名师工作室牵头，特邀天津市心理学会常务理事、天津师范大学教授、硕士研究生导师唐卫海，开展了一次以"多元智能理论与运用"为主题的心理学知识专题讲座。在讲座中，唐教授紧密贴近幼儿园教师工作实际，从多元智能理论中的八个智能方面结合幼

图 1.27　专题讲座现场

儿园教育的五大领域，深入浅出地进行剖析讲解，并针对一些常见的幼儿行为现象进行了专业解读，使教师们在轻松愉快的氛围中和积极的互动中对幼儿心理学知识有了更深层的认识和理解。通过此次培训，教师们认识到只有不断地学习心理学知识，用专业的理论正确地解读幼儿，才能真正走进幼儿内心世界，引导幼儿健康成长。

十六、"玩转教学"观摩活动

1.时间

2019 年 11 月 26 日

2.活动主题

玩转教学

3.主持人

高歌今

4.参加人

高歌今名师工作室全体成员

张虹名师工作室全体成员

李蕊名师工作室全体成员

河东区第一幼儿园联盟园教师代表

河东区民办普惠幼儿园教师代表

5.活动内容

为了充分发挥名师工作室的辐射引领作用，促进各园间的交流沟通，在共享学习中，运用联合促教的模式不断提升教师的教育教学能力，促进教师队伍的整体发展，高歌今名师工作室开展了"玩转教学"观摩活动。此次活动教师们一共观摩了六位教

图 1.28　交流现场

师的异地教学活动,内容涉及五大领域。教学活动充分利用多媒体课件、图谱教学等,以直观形象的画面、生动有趣的语言、姿势优美的动作不断激发幼儿的学习兴趣。执教教师也针对自身的教学活动进行了反思、分享与交流。教师们同听、共思、共享,并结合自身教学实践中的共性问题聚析焦点、齐思共研、解决困惑,畅所欲言,表达了自己的收获与见解。在名师工作室的辐射引领下,教师们会在教育实践中不断积累、用心揣摩,在研训活动中各显所长、发挥优势,为河东幼儿教育事业的发展贡献力量。

图 1.29　观摩活动现场

十七、高歌今工作室教育研究文集启动仪式

1.时间

2020 年 1 月 9 日

2.活动主题

总结展望，文集启动

3.主持人

高歌今

4.参加人

高歌今名师工作室全体成员

5.活动内容

高歌今名师工作室召开
2019 年度工作总结会以及高
歌今工作室教育研究文集启动
仪式。在总结会上工作室领衔
人高歌今对一年来工作室持续
开展教育教学研究、专家专题
讲座、听课评课、异地观摩等活
动，传播先进的教育理念和教

图 1.30　工作室成员编写研究文集

图 1.31　专家指导现场

学方法，取长补短共同提高，
充分发挥名师的带头、示范、
引领作用进行了总结，对工
作室成员取得的可喜成绩给
予充分肯定。在接下来的工
作中她希望成员们借助名师
工作室这一平台，积极完善
教育文集编辑整理的相关工

作。会上各位成员纷纷表示要更加珍视每一次学习的机会,汲取先进的教育理念,不断创新实践,加强自身理论修养与专业素质的锤炼。

浓墨重彩齐心绘,日新月异谱新篇,高歌今名师工作室全体成员信心满满,对未来的工作充满期待、不负时代、不负使命、只争朝夕、不负韶华!

第一编

优秀群体展风采——高歌今名师工作室成员介绍

（成员顺序按照姓氏笔画排列）

天津市河东区第二幼儿园教师

——王君玲

王君玲，天津市河东区第二幼儿园教师、班长。论文曾在市第五届幼儿园教育教学改革专题研究论文评选获二等奖、河东区教育学会第十六届学术年会论文评选二等奖；河东区青年教师说课活动二等奖；案例获天津市学前教育优秀案例评选一等奖、天津市基础教育科研优秀成果教学案例类

图2.1 王君玲

二等奖；天津市幼儿教师教育技能竞赛"幼儿发展档案"评比活动一等奖；天津市幼儿园教师教育教学技能竞赛一等奖。多次参加课题研究，承担"帮助5~6岁幼儿获得绘本阅读理解能力的策略研究"专题获市级一等奖；承担中国教育科学院关于促进幼儿情绪与社会性能力发展——"比比和朋友"天津地区一期研究项目的教学研究工作，并顺利完成项目课程。

教育感言

"爱在左，情在右，走在生命路的两旁，随时撒种，随时开花……或许在所有教师中，我不是最突出的那一位，但是我愿做最用心的那一位。我想用我的用心、认真、踏实，在幼儿教育这条道路上辛勤耕耘，与幼儿一起快乐成长。"

 成员二

天津市河东区第一幼儿园教师

——宁 宇

宁宇,天津市河东区第一幼儿园教师。曾荣获河东区优秀教师,撰写的论文、教育案例、教育故事等多次荣获市区级论文评比一、二等奖,曾获河东区青年教师综合技能考核一等奖、天津市幼儿园教师教育教学技能竞赛一等奖、河东区青年教职工职业道德演讲比赛一等奖,曾参与并实施

图2.2 宁宇

了"在'天津旅游文化'主题背景下的幼儿园创意剪纸活动的研究与实践"的课题研究。

教育感言

"用爱心感召情感,用智慧浇灌心灵,用知识打开科学之门,是教师最快乐的工作。"

天津市河东区第二幼儿园教师

——李冬媛

李冬媛,天津市河东区第二幼儿园教师,曾获天津市河东区教育系统优秀教师荣誉称号,河东区幼儿园青年教师说课活动一等奖。教育活动"Funga"在天津市"指南引领下幼儿园优秀课评选"活动中获二等奖。曾被评为河东区学科领航教师培养工程学员,在第三届全国永嘉杯幼儿园优秀自制玩教具展评活动中获优秀作品三等奖,在天津市幼儿园优秀自制玩教具展评活动中获得一等奖,河东区优秀自制玩教具展评活动一等奖。曾作为天津市幼教名师培训班学员做市级半日活动展示。参加市级研究课题"运用电子白板提升幼儿阅读理解力的实践研究""《3-6岁儿童学习与发展指南》背景下绘本阅读理解能力策略"。

教育感言

"用专业的教育底蕴发扬儿童天性;用适宜的教育艺术彰显儿童本性;用发展的教育视野培养儿童个性;用高尚的教育情怀诠释儿童灵性。"

图2.3 李冬媛

 **成员四**

天津市河东区第二幼儿园教师

——李金丽

李金丽，天津市河东区第二幼儿园教师。曾获天津市河东区教育系统师德先进个人、河东区教育系统优秀教师、河东区教育系统感动河东教育人等荣誉称号。荣获河东区幼儿园青年教师体育活动评选一等奖、河东区幼儿教师教育考核一等奖、河东区幼儿教师技能展示综合一等奖；二十余篇论

图 2.4　李金丽

文、案例获国家、市区级奖项；作为主要参与人多次参与市级课题研究，其中"利用绘本情境引发幼儿自主游戏的实践研究"获市级一等奖，"绘本情境下幼儿艺术表现力的实践研究"获市级二等奖；主持承担市级课题"利用绘本发展幼儿想象力的实践研究"，现已结题。

教育感言

"用童心倾听，做孩子的知心朋友；用信心鼓励，放手收获惊喜；用诚心交流，搭建共赢的家园平台；用耐心引导，做教育的最美诠释者。"

天津市河东区第三幼儿园教师

——李 南

李南,天津市河东区第三幼儿园教师。天津市河东区优秀青年教师、河东区新长征突击手、河东区教育系统优秀共产党员、最美河东教育人、河东区教育系统德业双馨教师、河东区教育系统优秀思想政治工作者。参加市区级各类教育教学技能竞赛十余次,获教学活动设计评比市级一等

图 2.5 李南

奖三个,青年教师说课做课比赛区级一等奖一个、二等奖一个,十余篇教育案例、论文获市区级一二三等奖,案例"给孩子需要的支持"在《天津幼教简讯》发表。参加过四项市级课题研究,承担的天津市第五届幼教改革专题研究课题"以区域游戏联动为平台促进幼儿主动学习与发展的策略研究"获研究成果一等奖。

教育感言

"教师是立教之本,师德是教育之魂。以德立身,做善良、有爱的幼儿教师;以德施教,做专业化的幼儿教师;以德育德,做担负新时代教育使命的幼儿教师。"

成员六

天津市河东区第一幼儿园教师

——李 蕊

图 2.6　李蕊

李蕊,天津市河东区第一幼儿园教师。曾获得天津市师德先进个人、天津市教育工会劳动竞赛示范者称号、河东区新长征突击手称号、河东区教育系统教工先锋岗称号,多次被评为河东区教育系统先进教师、师德标兵、德业双馨教师、河东区教科研先进个人等。曾获天津市第十届优秀教育活动评选一等奖、天津市青年教师论坛、教师基本功竞赛二等奖。设计的多节绘本教学活动获市级一等奖,撰写的多篇案例、论文分获国家和市级一二等奖,参与"在孝亲主题游戏活动的研究中促进幼儿主体性发展"课题研究,获市级一等奖,独立承担课题"幼儿园指导家庭开展亲子绘本阅读的有效策略研究"现已结题。2019 年获河东区第三届名师称号,并于同年成立"李蕊名师工作室"。

教育感言

"作为幼儿园教师,我始终坚信,我们是世界上最幸福的人,每天都在和这个世界上最纯真、最充满希望的人打交道,所以我们要永葆初心,以科学的幼儿发展观为教育目标,引领他们把希望变成现实!"

 成员七

天津市河东区第一幼儿园教师

——张 丽

张丽,天津市河东区第一幼儿园教师。曾获天津市河东区教育系统优秀教师、河东区教育系统感动河东教育人等荣誉称号,撰写的论文、教育案例、教育故事等多次荣获国家、市区级论文评选一、二等奖,撰写的游戏案例被收录入河东区教育联盟《优质游戏案例分享集》。曾获河东区青年教师综合技能考核一等奖、天津市幼儿园教师教育教学技能竞赛一等奖,河东区青年教职工职业道德演讲比赛二等奖。

图2.7 张丽

教育感言

"愿以心之善为信念,以爱之本为素养,以育人之才为使命,在学前教育的园地里根植百花,让每一朵花蕾都苗壮成长,让每一颗心都享受阳光,我将带着桃李芬芳的幸福感,传播教育之爱!"

成员八

天津市河东区第一幼儿园教师

——张 虹

张虹,天津市河东区第一幼儿园总园教师、教研组长。天津市教育学会理事,天津市劳动模范,天津市优秀教师,天津市"卓越"工程培养成员,河东区名师,"2015—2016年香港内地教师交流"优秀指导教师。曾荣获天津市第八届优秀教育活动一等奖,撰写的多篇案例获市级一等奖,论文荣

图2.8 张虹

获市区级奖项,独立承担的课题"一日活动中,培养大班幼儿语言运用的能力"荣获市级三等奖,参与课题"创建以弘扬优秀传统文化为园所特色的实践研究"荣获国家级二等奖。

教育感言

"幼儿园里的教育生活犹如一页页诗篇,不在华丽,而在真实,它饱含着美的情调和内涵,需要用童心和爱去发现,去挖掘。捧着一颗心来,不带半根草去。爱着,奉献着,美丽着,作为一名新时代的幼儿教师,我自豪,我无悔。"

天津市河东区第一幼儿园金太阳园教师

——范 静

范静,天津市河东区第一幼儿园金太阳园教师。2019年7月被评为河东区教育系统优秀教师,2019年8月被评为河东区教育系统感动河东教育人。案例"海棠树与樱桃树的新装"获得天津市学前教育学会一等奖,征文《最幸福的人》获得天津市幼儿教育教学研究室征文评选二等奖。参与"在园所中开展中华

图2.9　范静

优秀传统文化特色教育的深化研究""主题活动下幼儿科学探究活动的实践研究""在园所中开展中华优秀传统文化特色教育的深化研究"等课题。

教育感言

"教师是一盏灯,在广阔与方寸之间发光,幼儿在这光芒下仰望,阅过人生无限的风光,光明不再遥远,脚下变为远方。我愿做这盏灯,为孩子们夯实基础,照亮远方。"

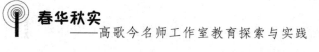

成员十

天津市河东区第一幼儿园教师

——冀　娜

冀娜，天津市河东区第一幼儿园教师。曾获得河东区幼儿园教师教育考核活动二等奖。多篇论文分别获得国家级、市级、区级奖励。作为第一参与人参加中国学前教育研究会"十二五""十三五"课题研究以及天津市教育学会教

图 2.10　冀娜

育科研课题。承担课题"在孝亲主题游戏活动的研究中促进幼儿主体性的发展"，获天津市第六届幼儿园教育教学改革专题研究一等奖。

教育感言

"每一个孩子都是一粒独特的种子，无论是长成一根草、一朵花，还是一棵树，都是生命的一种状态，都需要爱心去灌溉，需要耐心去等待。愿每一个孩子都在爱和教育的伴随下长成自己的样子。"

第二编

事中寓理——教育叙事篇

　　教师通过对特定教育事件和活动的描述与揭示，把日常的教育经验组织成有价值结构的事件、串缀成有现实意义的链条，从而赋予看似平凡、普通、单调重复的活动独特的体验和韵味。这些"故事"样式的实践记录，具体地、情景性地，活灵活现地描绘出教师的经验，记录的是教师心灵成长的轨迹，道出的是教师在教育活动中的真情实感。会写故事是教师学会研究的第一步。

都很好，学会接纳别人的想法

王君玲

曼晴和萱萱是建筑区的新搭档，她们搭建启慧楼时合作过一次，两人合作得还挺不错的。

这一天的区域游戏，两个人相约还要一起玩搭房子。建筑区四个人分成两组，边看计划图边进行搭建前的分工。曼晴和萱萱直接选择了1号——启慧楼。另外一组选择了2号——走廊和3号——多功能教室。两个人商量着一边拿长板积木和圆柱形积木搭建一楼和二楼的框架结构。这个过程对于她们这对"老"搭档来说是小菜一碟，不一会儿两个人就搭好了。她们开始有点小得意，曼晴来到另一组，看样子是想参与他们的游戏。我轻轻地将两个人叫到计划图的前面，用手指了指图中窗户的地方，还没有等我开口，萱萱说："王老师，窗户还没搭呢，我刚要去找曼晴。"曼晴不好意思地看了我一眼说："那我们赶快去搭窗户吧！"萱萱边走边和曼晴说："我们还是用上次那个长方形吧。"曼晴看了看她没有说话。然后两个人分别拿了不同的积木。我的好奇心被勾起来，她们会搭建出什么样的窗户呢？于是我想先拍摄另一组再去看她们的创意，就在这时，两个人发生了一点小争执。原来是两个人都想用自己的想法来搭建窗户。虽然没有大声吵架，但都各执己见。我已经有了一个好办法来解决这个小争执，既能满足两个人的想法又能让她们和好。我试探着问："你们是因为什么事情发生争执了？"曼晴抢着说："我想用长方形（像枪一样

的积木)搭窗户。""两个人的想法都很好,我们要学会接纳别人的想法,这是一种学习,或许能让你们的作品搭得更好。你们来看看这幢楼有几面需要窗户?"在我的引导下,两个人数了数,一起说:"八个地方。""哦,还是需要很多窗户的。两个人的想法如果都用上会让楼房变得不一样。"我刚说完,曼晴指了指楼房说:"那我搭这边,萱萱搭那边吧。"我看着萱萱:"你觉得呢?"她笑着点点头。我继续说:"你们看,也没有多难就解决了问题,关键是要冷静下来,动动脑筋。"之后我单独地找到曼晴,悄悄对她说:"我很期待你用枪型积木搭建的窗户哟!"她对我笑了笑,继续搭建。果然两个人开心地把各自的窗户搭建完成后,一起合作搭建屋顶。这次两个人很有默契地选择了小三叉型积木,不一会儿就搭好了。

"你们的想法是不是都很棒?"我问。两个好朋友点点头,都默默地认可了对方的创意。我想两个好朋友经历过这次事件后友情会更深厚。区域点评时其他孩子非常喜欢曼晴搭建的"欧式"窗户,萱萱用长方形和半圆形积木组合的想法也得到了大家的赞许。之后我问孩子们:"如果在游戏中因为和好朋友想法不同发生争执时该怎么办呢?"有的孩子说请老师或家长帮忙,有的孩子说自己想办法解决。"你们说得都很好。发生争执时要尽量冷静下来,动动脑筋。学会接纳别人的意见是长大的表现,这样会让你变得更好。"中班孩子正处于学习人际交往策略的关键期,老师要善于运用真实情景引导幼儿逐步学会与人交往的技巧。

"掩耳盗铃"的故事

宁 宇

每个人都会因为成长而有烦恼。作为刚刚工作一年的新入职教师,最近,我同样有些烦恼。每个孩子都会经历想象力从无到有到夸张的发展过程,这是多数孩子成长过程中的一个横切面。最近,班上不少孩子"说谎"让我不知应怎样正确地看待,是想象力作怪的"说谎",还是孩子成长中的"小插曲"?

班上有个男孩叫乐乐,他反应敏捷、表情灵活多变、想象力丰富,经常见机行事,总是我不注意的时候和我耍起"滑头"来。

一次,孩子如厕洗手时间,我请前两组的小朋友先到盥洗室,乐乐没过几秒钟就回到活动室,我问:"乐乐你解小便洗手了吗?"乐乐镇定地看了我一眼:"我洗完了!""过来,我闻一下,洗过的手是有香味的。"乐乐没有表现出胆怯,相反他把手伸过来。"说实话,是真的洗了吗?老师不责怪你!"一个小小的声音出来了:"我好像忘记了吧!"事后,我找乐乐单独谈了一次话,告诉他小朋友为什么要洗手,他也懂事地表示以后一定和小朋友一样把手洗干净。由于乐乐平时有"说慌"的现象,几天以来我一直关注孩子洗手的情况,趁着我的假装疏忽,乐乐还是用"说谎"来应付洗手,而且,带着班里好几个孩子也开始"说谎",喝水、洗手时孩子们也开始抱着侥幸的心态逃避……我不想给孩子的行为定义为"说谎",所以在班里也从健康教育的角度组织孩子们谈话,但结果可想而知,孩子都有自己的小主意。我在反思,我能否找到两全其美的解决方法？

成语故事是我们幼儿园传统文化特色教育的内容之一，闲暇的思考，让我想起了"掩耳盗铃"的成语故事。不妨一试。成语故事活动中，我给孩子们讲了"掩耳盗铃"的故事，故事有趣，画面生动形象，很快吸引了孩子的兴趣，我也借此时机，将掩耳盗铃的故事应用到孩子们的生活中，"没有洗手、没有喝水，却告诉老师自己都做了，这样的小朋友就像是故事里的愚蠢之人、可笑之人"。因为这样，孩子们对掩耳盗铃这一成语记得非常清楚。

活动结束，又一次请小朋友洗手，我走到乐乐面前真诚地对他说："老师相信，乐乐一定不是掩耳盗铃里面的那个可笑之人！"尽管他挑了挑眉毛，挤了挤眼，笑着的眼睛却很亮。从那以后，孩子洗完手后，总有一双小手伸过来："老师，你闻闻是香的！"偶尔发现其他孩子有这样的情况，我也会充满智慧地说上一句："难道要做掩耳盗铃的可笑之人吗？"孩子就会不好意思地转身走进盥洗室，把手洗好。掩耳盗铃也成了孩子之间相互提醒的很幽默的一句话："你不洗手，该成掩耳盗铃的愚蠢可笑之人了！"

一个短小的成语故事，智慧幽默地解决了我的难题。由此我想到：千万不可证实孩子的"说谎"。因为告诉孩子不要说谎的同时，也会有意无意间让孩子的说谎行为继续蔓延，反倒教会了孩子去"说谎"。这会使老师在失去耐心的同时，错失了良好的教育机会。所以作为教师千万不要和孩子对立，学会寻找恰当的教育契机才是教育的关键。

幼儿园大班自然科学探索之旅——我们的班级树

李冬媛

缘起

三月暖阳,春回大地。随着植树节活动的开展,孩子们进一步了解了关于大树的许多知识,兴趣的增长也让他们更加关注身边的花草树木。于是我决定带领他们一起对幼儿园树木进行深度探索,借此机会培养他们亲近自然、探索表达的能力。经过两天对幼儿园树木的全面观察和了解,孩子们投票,将位于幼儿园前院的一棵桃树选作我们的"班级树",由大四班小朋友共同观察、照顾它,在了解、探索的过程中积累有意义的自然科学经验,与小树共同成长。

思考

"儿童的一百种语言"指儿童有权利而且也有能力通过除语言文字之外的诸多方式、多种材料去认识周围的世界,表达自己的思想情感。那么我是否可以带孩子们走出活动室,让他们自己发现关于树木的种种问题呢?通过直接感知、实际操作、亲身体验获得的经验与快乐,以及伴随其中自然成长起来的学习品质,应该才是让他们受益终身的。而作为教师,我只需提供探索的时间、空间、材料并引导和支持。让孩子在玩中学、在体验中收获成长。

过程

(一)桃树知多少

第一次去观察我们的班级树时，孩子们通过细心地观察发现了许多问题："桃树什么时候开花？什么时候发芽？桃树的花朵上有几个花瓣？桃树的叶子是什么形状的？为什么桃树是先开花后长叶呢？桃树会结出果实吗？"结合近期的发展目标和幼儿的实际能力，我选取了其中的几个问题让大家自己探索答案。孩子们都跃跃欲试,盼望着桃树快快发芽。

(二)小芽才露尖尖角

我们进行了第二次观察。孩子们惊喜地发现树枝发芽了！虽然只是露出了一点点绿色,但尖尖小芽仿佛在骄傲地宣告生命的诞生。孩子们兴奋极了,七嘴八舌地说要把这神圣的一刻记录下来！大家通过商量决定用画画的方式记录下桃树发芽的时间和样子。于是每一位幼儿都通过自己的方式来记录桃树第一次发芽的时间。

(三)一日长三尺

在户外活动时,孩子们不经意发现了桃树的又一次变化,只经过了一天的时间,小小的芽又长长了一些。桃树的生命力真旺盛呀!

(四)巧手裁出新桃叶

孩子们主动提出去看看班级树,我心中暗自开心:在兴趣的驱使下,他们已悄悄将学习切换为主动模式,成长必将伴随着快乐一起到来。这次孩子们发现了桃树叶的变化:叶子长得更长更大了,打开的角度也更大了。于是我们将打开的叶子用相机拍摄下来,回到班级放大观看图片,引导幼儿仔细观察:桃树的叶子到底是什么形状的？它的叶脉是什么走向的？通过观察,孩子们总结并绘画出了桃树的叶子——桃树叶是椭圆形的,树叶的周围是一个个带有锯齿的小棱,叶柄的颜色是黄绿色的。树叶的叶脉非常多,就像一条弯弯曲曲的道路,颜色是淡绿色的。我们决定等到叶子长得更大一些时,再去观察。

(五)桃红又见一年春

费费小朋友来到幼儿园,兴冲冲地跑到班里和我说:"我们的班级树开花了。"我们一起去观察开了花的桃树,虽然只开了两朵小花,也足以让孩子们兴奋不已。他们马上提议要记录下桃树开花的日子。通过近距离的观察,孩子们发现了桃花有五个花瓣,呈粉红色,花瓣的边缘颜色变浅。

(六)入情入境深探索

孩子们发现幼儿园里有两棵桃树,我们的班级树在右边,左边还有一棵差不多高的桃树,可在我们的班级树刚刚开了两朵花之际,旁边的桃树已经一树芬芳了。这是怎么回事呢?孩子们又一次展开了讨论:是我们桃树的品种不一样吗?还是我们照顾得不好?我把这个问题抛给了孩子们,带着他们一起上网查资料,通过和孩子们的共同学习,我们了解了导致桃树不开花的原因可能是光照不足、施肥不足或是病虫害等。那么我们的桃树是怎么了呢?在孩子们的提议下,我们一起去请教了负责园林维护的爷爷。爷爷告诉我们,两棵树都在不久前施过肥,也做了除虫。唯一不同之处在于它们长的位置,由于楼房的遮挡,虽然两棵树相隔不远,但光照时间却大大不同。所以"光照"才是造成它们开花时间不同的主要原因。通过这次学习,孩子们不仅更多地了解到了关于桃树生长的知识,更激发了对于自然科学的兴趣,开辟了探索学习的途径。

结语

"班级树"活动是基于幼儿的兴趣而生成的,对于我和孩子们来说,都是一次大胆的尝试。大家在活动过程中自主探索、积极发现,不断提升和巩固已有的经验。而我作为活动的参与者和合作者,除了为他们提供足够的时间、空间和材料之外,始终关注孩子的状态以及活动进展的情况,适时提供帮助和引导。马拉古奇曾说过:"当成人的兴趣和幼儿的兴趣恰好相同时,教师就能很容易地为幼儿的动机与学习的乐趣提供支持。"正因如此,身为教师的我们更要保持属于自己的那份好奇、灵动与探索精神,用心牵起孩子的手,陪他们从屋檐下,稳稳地走向世界!

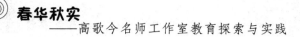
教育叙事四

做勇敢的自己

李金丽

今天的故事主人公是琪琪,一个不爱说话、性格内向的女孩子。开学初,我们便发现琪琪的语言发展迟缓,而且惧怕和老师、同伴交流,每次举手后被老师叫到,都是紧咬牙关、浑身颤抖、一字不说。在与家长沟通后,我们也感受到了家长的焦虑心情,琪琪奶奶也承认,自己的强势可能导致孩子始终处于紧张的状态,不敢说话。

考虑到孩子的情况,在最初的时间里,我们尝试从家园合作和游戏环节两方面入手,帮助孩子从紧张无互动的状态慢慢进入到简单回答有互动的过程中,力图在循序渐进中帮助孩子慢慢练习,不断进步。

由于奶奶配合班级工作,使得家园之间的合作极为顺畅,在多次家委会活动中,琪琪奶奶积极参与,献计献策,同时还利用自身特长为班级娃娃家捏饺子、做汉堡,制作了丰富有趣的游戏材料,深受孩子们的喜爱。在多次参与幼儿园活动的过程中,琪琪奶奶自身的观念不断更新,教育意识也有了很大的转变。琪琪在这样积极和谐的氛围下,社会行为不断完善,内心恐惧的情感也渐渐地淡化,自信心慢慢建立起来。

在游戏环节中,我们从琪琪性格入手,因为我们知道在方法上不能太过于强化,这样只能加大孩子的压力,我们力求做到润物细无声。孩子虽然不爱说话,但其他方面的能力非常强,我们便利用她的这个优势给予她适宜的展示自己的机会,如让她给小朋友们分发图书、碗碟,做小值日生、小监督员等,看到琪琪的进步与努力,我们又委以重任,在善于表达的糖糖的带领下,二人完美地完成了园所升旗活动中的领誓。慢慢地,琪琪的自信心有了进一步提高,更愿意主动用语言来表达,性格也变得更加开朗。

看到孩子长足的进步,琪琪奶奶在琪琪即将升班之际留下了激动、感动的泪水。琪琪从不说到敢说再到愿意说,迈出了勇敢的一大步,作为琪琪的老师,倍感欣慰的同时,也让我们深刻感受到了龙应台的那句经典话语:"孩子,你慢慢来⋯⋯"

爱能创造教育的奇迹!责任能使教育走向成功!我深信这样一句话:当你播下爱的种子,在收获的季节定会收的爱的奇迹。和孩子们在一起的每一分每一秒,你都会沐浴人间最温暖的春风和雨露,体验到世界上最珍贵的情谊和友爱。

在幼儿园里工作的我们,生活其实很简单,快乐的理由也很简单,让我们一起放下包袱,让心灵在天空中自由驰骋,去感受大自然赋予我们的生命奇迹,去重新找回另一个属于自己的快乐驿站!

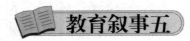
教育叙事五

给孩子需要的支持

李 南

"尊重、接纳、平等、支持、鼓励、主动、自主"等词语多次在《3—6岁儿童学习与发展指南》(以下简称《指南》)中出现。这些词语体现了《指南》提倡的"以幼儿为本""终身学习""建构性的教学观"等理念。作为一名幼儿教师,善于倾听孩子的心声,了解他们的需要,才能给孩子真正的关爱和支持,促进幼儿的健康发展。

镜头一:跳绳比赛

户外跳绳时,沛沛和几个小朋友站在跑道上商量着什么,只见沛沛边说边跳边回头看其他几个小朋友,似乎在跟大家说什么。我好奇地走到他们中间,才知道他们正在讨论跳绳比赛的玩法和规则。我尝试着参与到他们的讨论中,一起针对沛沛提出的玩法和规则进行了可行性和公平性的讨论并达成共识。还没来得及讨论安全性,孩子们已经迫不及待地开始比赛了。我没有立即阻止,而是让他们在比赛过程中去发现安全性的重要。结果当豆豆要跳到终点的时候,终于发现了问题:"我再跳下去绳子就要抽到小朋友了。"于是,我们又一起讨论什么时候停止跳绳,怎样将绳子交给下一个小朋友。经过对玩法和规则等的完善,游戏顺利进行。

分析与反思:支持是倾听孩子的需要,教师应给予适宜的引导。

《指南》指出,教师要"支持和满足幼儿通过直接感知、实际操作和亲身体验获取经验的需要"。因此,在支持幼儿的学习时,先倾听,在孩子需要的时候给予适宜的引导,而不是替孩子解决所面对的问题,剥夺孩子在实际体验中成长的机会。在跳绳比赛中,教师放手让幼儿去组织游戏、讨论、解决一些能力范围内的问题,能够促进幼儿的自主学习、建构性学习。

镜头二:晨间快乐分享

五一小长假后,孩子们带回来图文并茂的"口述日记"。刚开始,我以为孩子不识字,就帮着他们读日记。可是,我发现有的小朋友在老师读日记的时候,他也会跟着老师说自己的日记内容。这时我想,为什么不让孩子自己讲述自己的日记呢?于是,在每天早晨餐前的十分钟,我便请小朋友来讲述自己的日记。孩子们非常积极,都争着想为大家讲述自己假期里的开心事。也有部分孩子胆怯、不自信地说:"我不会讲。"对于这样的孩子,我会换一种方式进行引导,比如通过提问的方式问他:"你放假的时候去哪里玩了?和谁一起去的?你看到了什么?玩了什么?你觉得什么最有趣?你的心情怎么样?"通过问题引领,胆小的孩子也愿意并且能尝试着用完整的一句话来讲述自己的故事。

分析与反思:支持是为孩子的学习发展创设宽松的环境。

《指南》告诉我们,幼儿的学习是主动的,作为教师要为幼儿创设自由、宽松的学习环境。幼儿的语言能力是在交流和运用的过程中发展起来的,所以教师更要鼓励和支持幼儿与成人、同伴交流,让幼儿想说、敢说、喜欢说并能得到积极回应。

镜头三:贴在胸口的小笑脸

下午放学的时候,我们会对孩子一天的表现进行各方面的总结,有时候会以"小笑脸"粘贴作为奖励。

一天早晨,宁宁跟老师问过早后,宁宁奶奶离开前又嘱咐宁宁了一句:"今天要听话,你看别的小朋友都得奖励了。"奶奶离开后,我问宁宁:"你昨天没得'小笑脸'吗?""没有,我昨天淘气,大家说我表现不好。"

由于班里做体育游戏材料需要大量的盒子,于是我发动全班小朋友一起收集盒子。第二天早上,宁宁早早地就来到幼儿园,一见我就说:"李老师,我带盒子来了。"看他那兴奋劲,我立即给了他一个"小笑脸"说:"你真是个认真的孩子,老师说的话你都记在心里了。"宁宁看着贴在衣服上的"小笑脸"都舍不得移开眼睛,中午睡觉还用手捂着贴纸,说是怕弄丢了。

分析与反思:支持是走进孩子的世界,读懂孩子的需求。

孩子是一本非常深奥的书,真正走进孩子的世界,是我们幼儿教师一直的追求、一生的探索。

宁宁是个活泼好动的孩子,也是很多大人眼里"调皮"的孩子,很少得到奖励。有时,他甚至会表现出对奖励的不屑一顾。但这件事却表明了宁宁非常渴望得到大家的认同和肯定。我相信,在现实中我们每个班或多或少都会有这样让老师"头疼"的孩子,而对这样的孩子,我们更应该多与他交流,多倾听他的想法,多观察,多了解,才能发现孩子的闪光点,才能了解孩子的需要,从而给孩子需要的支持,这样的师幼关系才更加地和谐。

(本文获天津市学前教育优秀案例评选一等奖,在《天津幼教简讯》上刊登)

谨慎处理孩子的"出格"

李　蕊

爱,是一种情感,也是一种责任,是一种不要求回报的宽容、理解、包容与接受。教师的爱就是对学生的尊重、爱护和信任,是让孩子们能真正感受到来自教师的理解和关注。

记得,那是在语言活动"我喜欢我自己"的最后一个环节,为了让幼儿进一步认识了解自我,大胆评价自我,树立自信心,我首先组织互相讨论:"你有哪些地方值得自豪或你喜欢自己的哪些优点?"小朋友们讨论得非常激烈。文文说:"我喜欢我自己,因为我会讲好多有趣的故事。"小国说:"我喜欢我自己,因为我认识许多字。"婷婷说:"我喜欢我自己,因为我会孝敬爷爷奶奶。"我一一回应并表扬了大家。这时,一向活泼好动的小蒋把手举得很高,示意我叫她。我迟疑了一下,问:"你说说你喜欢自己的什么地方?"她站起来说:"李老师,你为什么总是叫我们说优点啊?我爸爸说了,每个人都有缺点,我想说缺点,大人有缺点,李老师,你也有缺点呀!"说着,她还调皮地笑了一下。她的这一句话无疑是给课堂投下了一枚小小的炸弹,小朋友们七嘴八舌地议论开了。

这个突如其来的情况让我有点措手不及,傻愣愣地站着,心里慌了起来:如果我接受了小蒋的问题,我的教学方案就被打乱了,可是如果我无视小蒋的问题,那一定会挫伤孩子的积极性的,说不定还会让孩子觉得"一切只能按老师的要求做"。想到这,我觉得我必须要接受孩子们提出的这一个小小的意外问题,从孩子的角度去倾听他们对于自己的认识。想到这,我示意小朋友们停下来,并说:"是的,我们每个人都有优点和缺点,包括老师也有缺点,比如李老师经常会忘了小铃放在了哪里,让小朋友帮忙找,有时会丢三落四。我现在每天都在注意改正这个缺点,也请大家经常帮助我哟!"接着我说:"那下面就请大家来说说不喜欢自己的什么地方(或缺点),并想想怎样改正。"这下子小朋友们又议论开了,有的说自己不爱吃菜,有的说自己写作业的时候总是粗心,还有的小朋友不仅说出自己的缺点,还帮助大家出主意怎么改正。我及时抓住了这一机会,帮助孩子们组成了进步小组,鼓励大家互相帮助,改掉缺点,变得越来越喜欢自己。

小蒋是一个很聪明但也很调皮的孩子,在活动中,经常会做出一些所谓的"出格"行为。这不,今天她又出格了。但她今天的"出格"让我觉得使今天的活动更有意义。虽然我预设中没有这个环节,但我想,我以这样的方式处理了她的"出格",一方面保护了她的自尊,另一方面,可以就小蒋的问题,因势利导,引导小朋友们在谈自己优点的同时,也敢于正视自己的缺点,缺点改正了,变成优点,他们的自信心会更强。假如当时我认为小蒋所提问题和我预设的目标背道而驰,担心会破坏课堂气氛,不予正面解答而加以阻止的话,就会扼杀了孩子们的好奇心和探究欲望,不仅会伤害到他们的自尊,更扑灭了创造思维的火花,全班同学都会以此为戒,他们会在幼小的心灵里萌发这样的想法:"一切只能按老师的要求做。"

小小的一件事情让我联想到了许多,让我重新认识到了作为一名教师要尊重学生、尊重自己、严谨工作,教师运用不同的处理方式带来的将是两种截然不同的效果。

如果说,园丁的梦是绿的,那么教师的梦是甜的。如果说,园丁的汗水在花瓣上结晶,那么教师的汗水在心灵中结。那就让我们从这里做起,运用比工程建筑师更复杂的科学,比艺术家更富有创造性的艺术,将至爱之心,至诚之情,融入我们辛勤耕耘的事业,不断浇开一朵朵美丽的心灵之花,去塑造一个个美的灵魂。

(此文获天津市学前教育优秀案例评选一等奖)

"老师,你能给我一朵小红花吗?"

张 丽

　　一次离园前的活动中,我组织幼儿玩"修鞋匠"的手指游戏。在游戏中,孩子们高兴地做各种自己喜欢的动作,活动结束后,我用手抚摸着孩子的头,心理暗数着孩子的人数,当我靠近浩浩时,我发现他神情就有些紧张,尤其是离园前,浩浩的眼睛里总是含着泪水。

　　刚刚入园两个月的孩子,分离焦虑还未完全消退,第一次离开家长,第一次参与集体活动,陌生、紧张、害怕、恐惧的情绪在所难免,可是浩浩为什么一天的情绪都很好,只是离园之前情绪的波动那么大呢? 带着这样的疑问我默默关注了浩浩好几天。一次活动中,浩浩眼神中的紧张又被我发现了,我不知该怎么安慰他,无意中我将手里的小红花递给了他,就在那一刻,我在他的眼中看到了久违的快乐,一个孩子本该有的灿烂微笑来的却那么迟,孩子的那种眼神让我心疼! 我心想这里肯定有故事,并非一朵小红花的原因。于是我利用业余时间与浩浩的奶奶进行沟通,主动到浩浩家中进行家访,了解他的日常生活习惯和兴趣爱好。在沟通中,我得知浩浩的妈妈长期出差,在外地教学,到年底才会回来,妈妈出差之前对浩浩说:"宝贝,在幼儿园听老师的话,你表现好了就会得小红花,你得到 100 朵小红花的时候,妈妈就回来了。"听了浩浩奶奶的诉说,我恍然大悟,浩浩因为缺失母爱而极度缺乏安全感,时常焦虑,每天的小红花就成了他的情感寄托。

在回家的路上我思绪万千，如果每天都给浩浩一朵小红花，其他小朋友也会跟着要小红花，久而久之，小红花就失去了激励的意义，面对孩子这样的行为，有什么更好的方法能解决这件事呢？回到家我及时梳理家访内容，根据孩子的典型表现，利用休息时间查找各种资料，找到具有针对性的具体解决问题的方法。为了从根源上解决浩浩的分离焦虑问题，我决定找浩浩谈谈，我将他叫到跟前，一边安慰他一边询问缘由。在活动中我给他讲了故事《你很棒》，让浩浩与故事中的人物产生共鸣，让孩子知道得到奖励的方式有很多，一句表扬、一个微笑、一个暖暖的拥抱都是老师对自己的赞美，小红花不是赞美的唯一方式。在日常生活中我及时发现他的闪光点，给予鼓励和表扬，我的一个大拇指就能让他高兴半天。游戏中，我鼓励并积极引导浩浩主动参与，树立他的自信以及增强对集体的归属感，我们之间还有一个小秘密——浩浩在幼儿园可以亲切地称呼我"妈妈"。在爱的氛围中，浩浩慢慢克服了困难、融入了集体、树立了自信，如今他已经能在各种场合独立地展现自己了，看到浩浩的进步，我感到了由衷的欣慰。接下来的一段时间，浩浩再也没跟我要过小红花，并且经常高兴地告诉奶奶："今天老师表扬我了，我要告诉妈妈。"看着孩子焦虑情绪渐渐消退，我对自己的工作也有了些许的安慰。

从浩浩的案例中我们可以看出，在家长看来小红花就是对孩子的肯定和鼓励，教师只有每天都鼓励浩浩、表扬他、给他小红花才能满足孩子心底那份浓浓的渴望，久而久之浩浩得到的都是赏识与鼓励，那么在以后的生活中孩子就会变得越来越敏感，抗打击能力也会越来越差，面对挫折常常会自暴自弃，过度的赏识也会弱化幼儿判断是非好坏的能力。作为教师和家长我们首先要分析幼儿的心理特点，才能满足幼儿的心理需要，对于浩浩而言，他要小红花的目的就是希望妈妈早日回来看他，而过度的赏识无法弥补孩子心中那份缺失的爱。只有了解幼儿身心发展规律和特点才能在教育行为中科学地实施赏识教育，才能将我们的外在激励转换为幼儿的内在动力。

（本文获天津市学前教育学会优秀案例评选一等奖）

"拧"宝宝变了

张 虹

这学期我们班新来了一位名叫纯纯的小姑娘,她是个沉静、不爱言语的小女孩,第一天来园时,她的爸爸妈妈就告诉我的:"张老师,纯纯拧,您可别介意。"当时我并没有往心里去,因为孩子毕竟是孩子,拧能拧到哪里去?可是在接下来的交往中,我越发感觉到,这个小姑娘真是拧到家了。

早上小朋友高高兴兴地来到幼儿园,进门时我们互相鞠躬问好,纯纯妈妈说:"快呀!快鞠躬问张老师早呀,看老师都给你鞠躬问好了,你回答呀!"纯纯呢,干脆躲到妈妈的身后,眼神流露出坚定,仿佛告诉我:"别费力了,这是不可能的。"

中午睡觉的时候,纯纯从不脱衣服,任凭你用激励法、说服法、同伴评比法,这些对她没有任何的作用。她抓紧自己的被角,嘴里不停地说:"没事的,没事的……"直至你放弃为止。因此在班里也没有小朋友愿意和她玩。我看在眼里,急在心里。

谁都没想到,一件小事让纯纯改变了"拧"脾气,事情是这样的。

又轮到我们班升旗了,有了第一次的经验,这次孩子们争先恐后地要求当升旗手。因为每次只能评选四名有进步的小朋友当旗手,其他小朋友都是护旗手。中班的孩子已经有了初步的辨别能力,知道哪个更好。正在大家都是自己选自己的时候,纯纯悄悄走到我的跟前,第一次主动和我说:"张老师,我想当旗手。"平时纯纯对什么事都不怎么关心,今天主动和我说,能看出她心里的迫切程度。我故意笑着说:"这个名额很难得呀,得是有进步的宝宝才能当选呀! 可是纯纯见了老师不打招呼,张老师提什么要求你也听不到,小朋友会选你吗? 这有点难办了。"我面露难色。我偷偷看看了她,拧的眼神不见了,换来的是不知所措,我顿了顿说:"这样吧,纯纯如果从现在起改掉不好的地方,张老师可以考虑让你来当旗手。"顿时希望的目光向我投来,纯纯连连点头说:"我一定能做到。"接下来,纯纯像是换了一个孩子,早晨进班毕恭毕敬地鞠躬问早,每当别的小朋友做错事的时候,她都能起到小榜样的作用,这时我也会在全班表扬纯纯,并且私下我总是对她说:"你真不愧为小旗手,说到做到。"这时的她脸上满是喜悦兴奋的表情,就这样,一个"拧"宝宝慢慢地改变了。就连她的爸妈都纳闷地问我:"张老师,纯纯在家可乖了,您施了什么魔法?"

是啊,谁也没想到,这么难搞的宝宝,就是这样一件小事让她改变了。是什么原因? 其实很简单,孩子毕竟是孩子,他们也有荣誉感,教师应抓住这一阶段孩子的心理特征,提出要求,适时表扬,让孩子心里感到安全、愉悦,有成就感,逐渐懂得哪些事情应该去做,而且做完后自己会开心幸福。久而久之,孩子个人的一些不良的习惯会有很大的改变。

哪个孩子没有点脾气? 哪个孩子没有点性格? 我们何尝不想让她们改变一点呢? 可这是需要慢慢来的,老师的耐心、费心,告诉了孩子和家长该做什么,该怎么样做,家园合力,共同为了同一个目标而努力,值得庆幸的是,我们的共同付出有了收获,纯纯确实改变了许多,倔强,不听话的脾气小多了,也肯听大人的话了,总之一句话,纯纯进步了! 我们希望她在老师的精心培养与教导下茁壮成长!

(此文荣获天津市学前教育优秀案例评选一等奖)

悉心呵护，静待花开

范 静

还记得刚进入小班时的多多，梳着一头齐耳短发，不是很爱说话，也不怎么爱笑，看人的时候总是不好意思地低着头，眼睛往别处瞅。我对于她印象最深的就是刚入园哄她午睡时，她总是得摸着我的耳朵，手指还得不停地在耳朵眼儿里转呀转，才能慢慢睡着。

发现了这个小插曲，我每天都在留心观察她。我感觉多多是一个性格比较内向、胆小、敏感、不太自信的女孩子，她不太敢大胆地表达和释放自己的情绪，总是小心翼翼地去观察周围的一切，有时候想妈妈了也不敢大声地哭，而是一边抹眼泪一边小声抽泣。对于这样的孩子，我会时常提醒自己注意自己的每一个动作、每一句话，尽量要保护他们幼小的心灵，照顾他们的情绪。

但是，中班上学期的一天，一件我意想不到的事情发生了。那天我们学画正面的人物，当我讲解完要领让孩子们自己练习时，突然听到一声刺耳的哭喊——"哇！"对于这样爆发性的哭声我竟一时没有判断出是谁。但是顺着声音传来的方向，我抬头一看，竟然是平时都很安静的多多。我赶紧过去安抚、询问缘由，但是无论我怎样安慰她，多多就是不理我，一个劲地哭啊哭，我抱住她一边给她擦眼泪一边安慰，可她的眼泪还是像打开闸门一样，怎么也关不上，多多在我怀里哭得前仰后合的，几次头都一直往下栽，差点磕到桌子上，幸好我紧紧抱住了。此刻的我也慌了手脚，工作这些年，我还真的是第一

次遇到这样哭得哄都哄不住的孩子，我急得直冒汗，突然想起来一招可能管用，我把她常用的那根小手指放到了我的耳朵边，捏着她的小手指在我耳朵眼儿里转，边上几个小朋友也一直在安慰她，一会儿之后她的哭声终于一声比一声小，抽泣的频率也慢慢降下来。平复了情绪之后，我抱着她问为什么突然那么大声地哭，她说自己看到小朋友都会画，自己画不好，所以哭了。晚上，我跟多多的妈妈谈起了今天这件事，多多妈妈反映多多平时在家也总会因为一点小困难大哭不停，怎么也哄不好。

了解到多多的情况之后，我们聊了很久，我把我的担忧跟多多妈妈说了出来，孩子小，不会用其他的方式表达情绪，用哭来释放宣泄紧张害怕的情绪、吸引别人关注、获得一些安全感，是很正常的。但是以后孩子走向社会，没有谁能够一辈子在她身边保护她，得让她慢慢地有承受挫折的能力，学会正视挫折和困难，学会解决问题。多多妈妈起初觉得小孩子遇到困难，哭是正常的，但听了我的分析之后也意识到应该帮助孩子及时调整和改变。

于是，我们家园携手一起鼓励多多，首先帮助她建立自信和安全感。在幼儿园我会多请多多回答问题，做得好的时候会多表扬她，多多不敢动手尝试的事情我鼓励她，请她当小组长，协助老师做事情。同时我建议多多妈妈多带她参加社会活动，多接触社会中的人，鼓励她主动与人交流，尝试自己找收银员结账，自己问路，学习小主持人课程，练习在集体面前大胆地自我表达……我们还共同帮助多多正确面对困难和挫折，通过一些绘本故事和社会性活动，我告诉大家："我们每个人生活中经常会遇到这样、那样的困难和问题，遇到问题时不要害怕，要用我们聪明的脑袋瓜想出好办法来解决它，战胜困难。"多多妈妈也总在生活中告诉多多一些解决问题的方法。大班之后的多多像是变了一个人，变得爱笑，变得开朗、自信、阳光，遇到困难的时候能自己想办法去解决它，再也不会害怕了。多多现在是一名一年级的小学生了，前段时间她的妈妈给我发来好消息，刚上小学一个多月的多多就能代表全班同学在国旗下脱稿演讲，获得了全校师生热烈的掌声和赞许。

多多的成长过程，也是我专业成长中的一段路程，从多多的成长中，我体会到了教师用心培育的重要性，看到了家园合作共育的必要性，感受到了幼

儿发展的可塑性。伴随着多多收获的阳光自信,我也收获了很多帮助孩子成长的专业知识和方法,收获了家长的认可。我要感谢多多,她让我体会到了教学相长的乐趣!

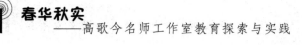

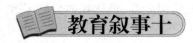 教育叙事十

"我们的房子搭好了！"

冀　娜

　　早餐后,孩子们都陆陆续续地插牌进区。洋洋、明明、小木和轩轩选择了建筑区。做计划时,洋洋和明明说他们要搭建一个椭圆形的房子。小木和轩轩决定要搭建一座高楼。小木拿来圆柱,一个摞一个地垒了起来,他一边垒一边说:"轩轩,你搭那边吧!"过一会儿,轩轩说:"小木,咱俩搭成一样高的吧!"小木说:"没关系,你看,我把这儿这样接上,再放一块木板,这样咱俩就搭成一样高的了。"轩轩说:"那好吧,我们还得搭另外一边呢!"第二面墙搭建完之后,小木走到房间里面待了一会儿,轩轩准备搭第三面墙。在搭第三面墙的时候,他们整个房子都倒了。我想赶紧过去告诉他们要怎样搭建房子才会更牢固,但我要迈出的脚步又挪了回来。轩轩说:"房子怎么会倒呢?咱们都搭了那么高了。"小木说:"没事的,咱们再搭一遍。"于是两个小朋友又搭了一遍,但是房子又倒了。"这可怎么办?""要不咱们搭一个矮的吧?""可是我想搭一座高楼。"两个小朋友你一言、我一语地讨论起来。

　　我轻轻走过去:"要不,冀老师和你们一起来搭?"小木说:"好的,可是我们的房子总是倒。""洋洋他们的房子没倒,我们去看看他们是怎么搭的。"我引导这两位小朋友去和洋洋、明明学习搭建房子的技巧。通过观察另一组幼儿搭的房子,小木和轩轩发现搭房子时,上下圆柱要对齐,房子才不容易倒。于是我们三个回来开始搭建,搭建以两名幼儿为主,我在边上辅助,慢慢地,一幢四层的小高楼拔地而起。小木和轩轩高兴地跳了起来:"我们的房子搭好了!我们房子没倒。"

反思

1.在区域观察过程中,小木和轩轩很明确自己要搭建的内容,会选择相关的材料运用垒高、简单架空以及围合技能进行建构。三维水平围拢处于不整齐围拢结构的状态,围拢结构摆放得有些歪扭,这是造成房子容易倒的原因之一。两位幼儿对所要搭建的高楼缺乏一定的造型经验,虽然明白建高楼要不断地垒高,但是在每层逐渐垒高过程中缺乏平衡稳定(柱子上下对齐)、对称(对边两面墙要对称)等经验和技能。作为大班幼儿,他们的搭建技能相对欠缺,所以我心里会有些着急,一开始,想直接告诉两位幼儿原因,这样既能直接告诉幼儿原因,也能节省时间。但是,这样做的结果会让幼儿失去一次自我探索、自我成长的机会,长此以往幼儿便不愿自己思考,也会慢慢变得依赖他人。

2.每个幼儿都有自己的发展水平和发展速度。上述案例中,小木和轩轩的积木搭建水平较之另外一组,显得不够好。但这两位幼儿在游戏过程中,能够商量、合作、甚至互相鼓励、共同面对问题,这些社会性品质的发展也是值得肯定的。教师要学会全面地分析评估幼儿的学习与发展。

3.在区域活动中,教师要学会观察幼儿的行为表现,要观察幼儿有意义的行为,创造不同情境,给幼儿自己探索的机会,帮助幼儿学习自我解决问题的能力。

第三编

修炼提升——教育案例篇

"世界就是一个舞台。"在教育这个舞台上,每天都发生着许许多多平凡的和不平凡的故事,这些在教育教学活动中所发生、出现的案例,不是转瞬即逝、无足轻重、了无痕迹的,它会长久地影响幼儿和教师的教育教学和生活。关注这些案例,我们能够学到很多东西,得到很多启发,甚至会产生心灵的震撼。因此,把案例写下来,无论对幼儿、教师来说,都具有深刻的意义。

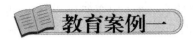

意外的收获

王君玲

事件起因

一次美术活动，我和孩子们玩了一个猜谜语的游戏："圆圆身体黑油油，细细尾巴在后头，游来游去找妈妈。"我的话音刚落，孩子们就猜出了谜底。示范后，孩子们开始兴致勃勃地拿着棉签为青蛙妈妈画小蝌蚪。突然，桐桐和大宝在自由绘画的时候发生了小争吵。我走到桐桐的画前一看，她的画上有几处很显眼的黑点。还没有等我开口，大宝解释道："老师，我是不小心碰到的。"他边说边抹着手上沾到的黑色颜料，我明白了事情的经过。

原因分析

小班下学期的幼儿正处于从自我为中心开始逐渐转变的时期，能够掌握初步的社会交往策略如短时间的合作游戏、轮流游戏等，但是在游戏中与同伴发生矛盾时调控情绪和解决矛盾的能力较弱，需要教师巧妙和耐心地引导。

措施效果

我看了看那几个黑点，心想画纸是每人一张，没有多余的。这怎么办呢？我又看了看这几个黑点，心想如果给这几个黑点添上小尾巴，这几个黑点不就变成了小蝌蚪吗？我立刻意识到这是一次很好的教育机会。我没有马上说出我的想法,而是把问题抛给了孩子们,请他们动脑筋想出好的办法。于是我做出发愁的样子问孩子们:"这几个小黑点像什么?"孩子们纷纷说出自己的想法,有的说像豆子,有的说像石头,轩轩指着那几个小黑点说:"这多像小蝌蚪圆圆的身体呀!""那这几只小蝌蚪能在水里游吗?它们没有什么?"我试探着问孩子们。果然在我的引导下,孩子们说出了我期望的回答:"还没有尾巴呢!""那我们赶快请桐桐和大宝为小蝌蚪画上尾巴吧,这样它们就能在水里游来游去了!"说完他们两个拿起小棉签,小心翼翼地添画尾巴。"他们两个好朋友一起变出了这几只小蝌蚪,现在我们请他们两个说一说这几只小蝌蚪是怎么变出来的吧!"大宝说:"小蝌蚪的脑袋是我用手指画的,一点就行,尾巴是用棉签画的。"桐桐说:"我用棉签画出了小蝌蚪的尾巴。"

我用鼓励的口吻对孩子们说:"你们想不想尝试用他们的好办法变出小蝌蚪呢?"我的话音刚落,孩子们便迫不及待地尝试用手指点画的方式表现小蝌蚪。由于我们班前期开展了几次手指点画活动,这次就没有设置手指点画这个活动目标。虽然这次美术活动的目标是尝试用棉签的方式表现小蝌蚪,但是这种随机的教育给了孩子们自己动手探索的空间。更重要的是大宝和桐桐又是好朋友了。试想如果我采用批评的方法解决他们的冲突,孩子们怎么会有自己发现新方法的机会呢?

个人感悟

这次美术活动让我感悟到教师要"心中装着大目标,随时调整小目标",做一名敏感的教师,对突发教育事件要善于权衡它的教育价值,支持幼儿主动探索。同伴群体是宝贵的教育资源,同伴之间的辩论给孩子们创造了相互交流、表达的机会,发挥同伴间的良好互动能丰富幼儿的学习经验。

(该案例获天津市学前教育优秀案例评选一等奖;天津市基础教育科研优秀成果教学案例类二等奖)

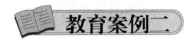

"居家小男人"

宁 宇

个案描述

　　霖霖很喜欢到娃娃家去扮演爸爸的角色,模仿爸爸在家的装扮和有条不紊忙碌的样子。这一次和往常一样,他走进娃娃家,先把爸爸的照片挂在身上,又拿起小围裙,动作熟练地系在腰上,随后弯下腰,用扫帚和簸箕一下一下地扫起地来。然后,霖霖转身对坐在床上扮演妈妈的小朋友说:"你去超市买东西吧。"对方说:"行,我买菜和鸡蛋,我们来炒鸡蛋吧。"霖霖又走到灶台前拿出刀和菜板摆弄起来,像在做饭似的,一会儿摸摸锅,一会儿摸摸微波炉。这时"妈妈"买来了胡萝卜和西葫芦,霖霖连忙拿起一根西葫芦,一下一下地切成大小不均的小丁。站在一旁的"妈妈"也想帮忙便拿起了刀,霖霖忙说:"你去抱娃娃吧,我来做饭。"说着将刚刚切好的菜放在锅里,拿起小铲子左一下右一下来回铲动。时不时有菜掉到锅外,他捡回到锅里,继续翻炒。霖霖干得有模有样,动作还真是娴熟呢!不一会儿,霖霖大声叫道:"饭熟了,开饭了。"他笑嘻嘻地把饭端到娃娃的床前。有意思的是,他还一手抱着娃娃,走到水池边,一边帮娃娃挽起袖子一边说:"吃饭前要洗手,我来给你洗吧。"说着用双腿夹住娃娃的身体,双手拿着娃娃的手洗了起来,还用了香皂呢。霖霖脸上洋溢着幸福的笑容。霖霖喂娃娃吃饭时温柔地说："要一口饭一口菜慢慢吃,不能挑食,会生病的。"游戏结束时,意犹未尽的他在同伴的催促下才收拾起玩具。

原因分析

当今社会最受年轻女士青睐的是"居家型"的男士,因为这样的男士会营造一个温馨的家。这样的社会大环境影响了每个小家庭,孩子在家会看到爸爸在家做了和妈妈一样的事情,因此会受到影响。我们班就有这么一位"居家小男人"霖霖。霖霖的家庭中,爸爸和妈妈一个主内,一个主外,多在家陪伴霖霖的是爸爸,而霖霖又十分喜欢娃娃家的角色游戏,所以表现出与其他男孩子不同的特点。

措施效果

角色游戏是小班幼儿最喜欢的一种游戏形式,它能以幼儿的生活经验为依托和背景,以每天看到成人做的事情为内容,模仿和再现见过的生活情景。游戏过程的语言交流又能发展交往能力。这充分体现了娃娃家中的再现现实经验和与同伴合作游戏、体验游戏带来的快乐。作为教师,我通过观察发现,霖霖在刚进娃娃家时就系上围裙还扫地,说明他的角色意识较强,明确了解自己所扮演角色的任务,能将日常生活情景模仿得有模有样,从游戏中获得安全感,满足自己的情感需要。霖霖在和"妈妈"的交流中能清楚表达自己的想法,与同伴分享快乐。整个活动过程体现出霖霖的观察力和模仿力很强,能将生活中见到的事有顺序地再现出来,可见他是一个热爱生活、细致认真的小朋友。

个人感悟

作为教师的我在静静观察中曾有两次想以客人的身份走进他的家,但又被不愿打扰霖霖的良好状态的想法控制住了。在游戏过程中,他的动作神态都显得那么亲近可爱,我宁愿做一名忠实的观众,细细品味着这美好的时刻,享受着游戏带给他们的无限快乐。作为成人我们要继续带给他们更多的多彩多姿的生活经历,提供更多的素材,让他们融入社会大环境,最大限度地挖掘他们的潜能,充分发挥他们的想象力和创造力。

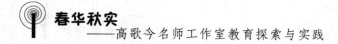

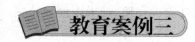

我们的幼儿园

李冬媛

建构游戏是通过操作各种建构材料，运用思维、想象和动作操作，创造性地反映周围生活的游戏，融操作性、艺术性、创造性为一体。建构游戏不仅能丰富幼儿的感知经验和主观体验，发展幼儿的动手能力和建构技能，更重要的是使幼儿在协商、谦让、轮流的游戏氛围中学会分享与合作，尝试开拓与创新，体验成功与挫折，从而实现幼儿个性的全面和谐发展。

进入中班已经有两个月了，中班幼儿在建筑区的搭建水平逐步从小班末期的搭建单一的楼房向搭建楼群过渡。孩子们能够根据自己的生活经验进行楼房的搭建和辅助设施的装饰。为了激发幼儿的搭建兴趣，更加贴近幼儿的生活，更好地结合幼儿自身的生活经验，近期我们班级组织了搭建幼儿园的楼房。前期在老师的带领下，幼儿一起参观了幼儿园，观察了幼儿园房子的结构，积累了幼儿园房子基础搭建的经验。

个案描述

今天在建筑区的是天天、孝孝和熙熙三位小朋友，刚刚进入建筑区时，三位小朋友就商量，要搭建幼儿园的启慧楼和舞蹈教室。他们决定搭建幼儿园的楼房时用长板做楼体,用圆柱体和小方块做支撑,自下而上地搭建起楼房的第一层楼。天天有一定的搭建基础,从搭建开始就要将每一块积木完美呈现,在长板的叠加时,他一直坚持先搭横向的,再搭纵向的,这样使每一层的柱子都在同一平面上。活动开始,三位小朋友开始了分工协作,有的负责搭建启慧楼,有的负责搭建食堂,有的负责搭建舞蹈教室。在搭建好楼房的过程中,他们将启慧楼搭建成了三层的楼房,并能够和食堂的楼房相邻搭建,可由于孩子们的搭建经验少,在进行启慧楼和舞蹈教室连接的过程中,就出现了问题。熙熙说:"你们知道吗?到舞蹈教室要经过一条长长的走廊,要不是过不去的。"听到熙熙这样说,天天和孝孝也发现了这个问题,但是走廊怎么搭呢?带着这样的疑问,在区域分享时,天天提出了他们的困惑,并希望小朋友们能够帮助他们一起解决。同时小朋友们也发现在搭建好整体的楼房后,没有对房顶进行装饰。

原因分析

我们近期搭建的主题是幼儿园的楼房,随着主题的不断深入,孩子们关注的问题也在不断扩展,目前"楼房之间的连接"和"设计好看的房顶"是他们所关心的热点问题。

在前几次搭建的基础上,通过前期组织幼儿讨论"如何选择最合适的地方",孩子们提出了"设定好规定的区域空间,能够将舞蹈教室和启慧楼连接起来"这一办法。本次游戏中,他们就首先利用了这一方法进行整体的规划,同时也能结合目光测量、身体测量等方式,对要搭建的目标进行构思。可是在连接问题上又出现的了新问题。

前期通过对幼儿园的观察、自己设计幼儿园的房子以及亲手实践等过程,幼儿已经有了一定的经验和搭建的基础。游戏中可以看出孩子们的建构水平有了一定的进步,他们能够熟练地选择、使用材料,对于积木建构模式有一定的操作和构成经验。在游戏过程中,他们既有分工又有协作,配合非常和谐。但是由于幼儿生活经验的局限,对积木使用和形状组合方面的知识积累不足,所以在两座楼房的连接方面出现了困难。当遇到"走廊连接"的问题时,首先能自己探索,尝试解决问题,当自己探索无果时,能够主动地向同伴求助,借鉴学习他人经验,社会性发展水平整体较高。

措施效果

1.环境创设方面:

(1)在幼儿拥有一定搭建基础的前提下,组织幼儿再次进行参观活动,对房子的基本结构(如连接、房顶的设计)及细节部分进行观察并整理成册,补充到环境中。

(2)将每次搭建后出现的问题,采取集中讨论、共同解决的方式,将同一问题的不同解决方式呈现在环境中,激发幼儿在动手操作、实践、尝试探索中找寻出适宜的方法。

(3)为不同能力水平的幼儿提供不同搭建水平的房型图,满足幼儿发展需要,为幼儿在区域中自主性学习创设平台和帮助。

(4)在环境中多体现合作、协商的作品,让幼儿感受合作带来的变化和成果,在相互的引领、带动下体验合作、分享的快乐。

2.材料投放方面:

(1)随着幼儿水平的不断提升,引导幼儿观察生活中适宜的废旧材料,为幼儿进一步完善房子的建构提供服务,引发幼儿通过"以物代物",满足自己的需要。

(2)提供适宜房屋名称的标志,帮助幼儿引发搭建的内容,发展游戏的情节。

(3)让游戏材料更富情境性。可提供一些立体的树木等,让幼儿在不同的情境下进一步激发搭建的兴趣。

3.教师指导方面:

(1)引导幼儿进一步了解房子的功能和结构,观察、设计更为复杂的房屋。

(2)在活动开始时让幼儿通过画设计图的方式对搭建的整体架构进行规划;用图谱记录幼儿的建构作品,促进幼儿有意义地学习。

(4)抓住幼儿提出的问题,作为形成和丰富主题、情节,掌握新的建构方式的生长点。

(5)给予幼儿适宜的表象提示和支持,作为他们建构水平发展的台阶和支架。

(6)引导、鼓励同伴间的相互借鉴与合作。

通过环境、材料与教师的介入指导,孩子们在近期的搭建中有了更多自己的想法,当在搭建中遇到困难时,能够通过环境中提供的图片细致地观察并大胆地尝试,勇于尝试使用不同形状的积木来组合搭建,幼儿的探索实践精神愈发增强。每次区域活动后的分享交流也大大增强了全体幼儿参与建筑区游戏的兴趣和愿望。

个人感悟

在建构游戏开展的过程中,我们要结合班级主题设置情景,引发幼儿对建构的兴趣,与班级主题的结合,也为孩子建构提供经验准备,材料的投放也应符合幼儿的年龄特点,分层分阶段提供。

帮助幼儿将建构的过程进行跟踪式照片展示,引领幼儿建构能力的逐步提升。帮助幼儿分析记录幼儿在建构过程中的表现和问题,分析幼儿所获得的能力发展,并且作为教师,要恰当、适宜、有针对性地指导。在给予孩子宽松自由的环境,给他们一定的空间去想象的同时,让孩子们进一步交流,在交流中发挥想象力。多倾听他们的想法、需求,并站在孩子的角度有效推进他们的游戏。教师要转化角色,在游戏中以合作者的身份参与到孩子中间去,用行为引导他们,适时地给予肯定,增强幼儿自信心。这样,随着孩子们经验的一步步丰富,孩子们更加愿意参与到建构游戏中来,并在实践中发现和探索出更多解决问题的方法,同时给自己也提出了更多的挑战,在游戏中分享了更多的经验,在合作中体会了游戏带来的快乐。

 教育案例四

我们学跳绳

李金丽

过程观察

　　户外活动的时间到了,有的小朋友说要练习跳绳,我同意了孩子们的要求,在玩过集体游戏之后,便请幼儿分散自由练习跳绳,老师做个别指导。在观察孩子们跳绳的情况后, 我发现个别幼儿已基本上能连续跳上 5 个左右;有的幼儿能跳两三个,但是连贯性较差;有的幼儿是摇不起绳来,想跳一个很吃力;大部分幼儿摇起绳后掌握不好跳起来的时机,总是踩绳、被绳挡住了。

原因分析

　　看到幼儿跳绳时表现出来的不同层次水平,我分析造成这些差异的原因有:个别幼儿在家练习过所以相对来说比较熟练;个别幼儿有过接触跳绳的经验,但熟练程度不如前面提及的幼儿;有的幼儿手臂力量欠缺,摇绳时因手臂带动情况较差故摇不起来绳;还有的幼儿初次练习,协调性较差,以至于不能把握好起跳时机而顺利完成练习。

措施效果

基于上述情况,针对幼儿的发展现状,我采取了不同形式的引导策略以帮助幼儿获得相关的经验技能,力求每个幼儿都能在原有水平上获得提高。于是我首先将动作技巧分解开来,引导手臂力量较弱的幼儿先练习摇绳,并将绳子调到最佳长度,方便摇起;同时鼓励协调性较差的幼儿将绳摇到脚前,待绳子落到脚前地面上再寻找适宜的机会双脚跳过;另外,我们请有一定经验的幼儿一带一、一带二地指导其他幼儿,在平行游戏中引导能力较弱的幼儿正确掌握跳绳的基本方法;对于个别跳得较好的幼儿则鼓励其练习单脚跳绳、倒摇绳跳的方法,探索出的跳法花样较多,增加了此类幼儿的自信。最后为了给孩子们一个展示自我的机会,我们开展了简短的跳绳表演大赛,由于孩子们练得很投入,收获了很多,每个孩子都争先恐后地想给大家表演跳绳,从中我们能看到孩子们的那种认真、上进、不服输的练习态度。由于时间关系,一部分没展示的幼儿都噘起了小嘴,展示过的小朋友都还想上前面来再表演一次,大家都意犹未尽。我从表演中虽然看到了个别幼儿还不能很连贯地跳,有的甚至只是摇好绳子刚能跳过去,但是我已经看到了孩子们的进步,看到他们的认真,我已经很欣慰了。

个人感悟

由于跳绳活动是我们班幼儿新接触的体育项目,许多孩子在技能上有些欠缺,最初练习时,看到孩子们"笨拙"的样子,我深刻体会到了不能急于让幼儿达到某种高水平的要求,那样会打消孩子学习的积极性,使孩子产生退缩、畏难情绪。只有我们从内心去了解孩子,找到孩子真正需要的东西,才会让我们的教育有所依据,才会让我们的孩子合理地发展。希望在我们共同的坚持不懈下,我们班幼儿的跳绳水平会越来越棒,上升一个新台阶。

(此文荣获天津市学前教育优秀案例评比一等奖)

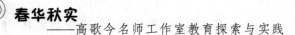

春华秋实
——高歌今名师工作室教育探索与实践

 教育案例五

"超市"里的联动游戏

李 南

个案描述

活动区的"果果超市"开业了,孩子们都争着去"超市"购物,其他活动区一下子被"冷落"了。面对这样的情况,老师以游戏者的身份介入,找到了"超市"工作人员问:"我在陀螺屋制作了一个陀螺,你们超市可以帮我卖一下吗?""可以啊。"促销员婷婷说,然后把我的陀螺放到了"超市"的玩具区。

过了一段时间,我再次去超市,看到陀螺还在玩具区摆放着,并没有被卖掉。于是,我再次介入:"我的陀螺卖掉了吗?"

促销员婷婷说:"还没有。"

"怎么还没卖掉呢?"

"没有人买。"婷婷说。

"为什么没人买呢?你向顾客介绍我的陀螺了吗?"我继续追问。

"没有。"婷婷回答。

"那怎么能让顾客知道你们超市卖陀螺,而且知道陀螺怎么玩、喜欢玩?"我一步步引导着。

88

"那我向小朋友介绍介绍吧。"婷婷马上反应过来。

然后,婷婷就开始向顾客介绍玩具区的陀螺,并示范玩法。顾客也开始注意到陀螺的存在,都想买陀螺。可陀螺只有一个,顾客都想买,这下又难倒了促销员婷婷。一直在旁边观察的我发现后第三次介入游戏:"我们陀螺屋还有好多陀螺,你们超市需要吗?""需要。"婷婷说。"那你们派理货员去陀螺屋购买吧。"理货员翔翔从陀螺屋买回来好几个陀螺,顾客的需求都得到了满足,结完账,几个人还玩起了转陀螺的比赛。

原因分析

本学期我们班开展了"以角色游戏为区域联动切入点促进幼儿主动学习与发展"的实践研究,希望通过打破班级内各区域界限,进行角色区与各区域之间的联合与协作,让幼儿在生活化、游戏性、情境化的区域游戏中提高活动的积极性,并在游戏中学习主动面对困难、解决问题。然而,活动刚开始,区域之间的游戏联动并没有实现,孩子们都等着去"超市",出现等待游戏的情况。原因主要有以下几方面:

一是"超市"刚投入游戏之中,对孩子们来说比较新鲜,大家都希望能够第一时间参与到游戏中,而且超市是幼儿生活中常见的生活场景,也是幼儿喜欢的活动之一,因此出现幼儿在"超市"集中,其他活动区域被"冷落"的现象。

二是我们班的区域游戏联动研究刚开始不久,幼儿游戏经验不足,在各区域游戏的互动方式方法上没有经验,不知道如何与对方互动,也不能主动地根据自己的角色实施相应的行为。比如,教师让超市代卖的陀螺投放超市后无人问津,超市促销员也没有去管理推销,导致教师再次进入超市看到陀螺还摆放在玩具区。经过老师提示后,促销员才意识到自己的角色任务。

三是支持和促进幼儿在各区域游戏之间联动的材料投放方式不当,比如"超市"里投放的"商品"充足,没有"进货"需求,因此导致"超市"无法与其他区域互动。

措施效果 ⌒

针对游戏中的问题和原因的分析,我主要采取了以下措施:

一是把握时机,恰当引导,为幼儿主动学习提供帮助。

活动中教师三次介入,三次指导。第一次是在发现问题时以投放超市游戏材料陀螺的方式介入,第二次是在第一次介入没有起到效果时以问题讨论的方式介入,第三次在第二次指导起到作用后游戏再次面临新的问题时以与陀螺区联动暗示的方式介入,最终实现角色区与其他区域互动的目的。三次介入,教师以游戏参与者的身份用自己的行动、语言或材料,暗示幼儿游戏行为,在充分尊重幼儿主体地位的前提下,促进游戏的发展。

二是评价共享,促进幼儿经验的有效提升,扩大联动范围。

区域结束后的讲评环节是帮助幼儿梳理经验、共享成果、体验成功的一个过程,高质量的评价共享,可以有效地推动区域活动的发展。活动讲评时,老师请"超市"促销员婷婷向所有小朋友介绍了他们新卖的陀螺玩具,请理货员翔翔介绍陀螺是从哪里来的,并请陀螺屋的小朋友介绍了自己卖陀螺给"超市"挣钱的心情。最后,老师请所有的小朋友一起讨论:"除了陀螺屋可以制作陀螺卖给超市,还有哪些活动区可以制作东西卖给超市?"有的小朋友说:"美工区可以用黏土制作蛋糕卖给超市。"有的小朋友说:"美工区还可以制作手工卖给超市,也可以装饰盘子卖给超市。"经过孩子们的讨论、经验的分享,区域间的联动逐渐丰富起来。

个人感悟 ⌒

在幼儿游戏中,教师要善于观察,发现教育契机。在幼儿联动游戏的过程中,教师观察幼儿是否有联动的行为或表现?联动的主题和情节如何?在实现联动游戏过程中是否存在困难?幼儿的情绪如何?有了这样的观察,教师才能及时发现问题、及时介入游戏,指导并促进超市与陀螺屋之间联动游戏的开展。

(此文获天津市学前教育优秀案例评选一等奖)

爱"打人"的龙龙

李 蕊

个案描述

今天,我故事的主人公是一位叫龙龙的男孩子,在我的班级上,龙龙算是个大块头,个子比别的小朋友高出半头,在体格上也比小朋友强壮许多,龙龙仗着自己身强力壮,在班里头总是横冲直撞,每天我们都会听到很多小朋友的投诉、告状。那天我和往常一样,在孩子们结束了区域活动后,看着他们如厕、喝水,正在这时,盥洗室传来了佳欣的哭声,我急忙走过去,只见佳欣哭着说:"老师,龙龙推我,水都撒在我身上了!"而一旁的龙龙则是一脸的无辜样。这种情况在平日里已经出现过很多次了,龙龙成为小朋友告状的对象:"老师,龙龙打我!""老师,龙龙把玩具放在我的脸上。""老师,龙龙和小朋友在厕所打起来了……"在大家这样频繁的告状下,龙龙成了这个班上矛盾的中心,而在小朋友轮番告状之下,龙龙也显得越发暴躁,有时候甚至直接以武力对待小朋友,这让我们感到很头疼。

春华秋实
——高歌今名师工作室教育探索与实践

原因分析

　　龙龙为什么会出现这样的问题呢？我决定要和龙龙的父母深入聊一聊，为此我还列了一个小提纲，我想要知道：第一，龙龙平常在家里，是什么样子？和家人相处的时候易怒吗？第二，在家中，如果龙龙犯错了，父母经常采用什么样的方式解决问题？第三，孩子的教育平常主要是由谁来负责？都是用什么样的方法？龙龙平常最喜欢看的动画片和书是什么？我想，这些问题能够帮助我更深一步地去了解龙龙这种行为背后的原因。

　　在有了这样的充分准备之后，我和龙龙父母在周末的交谈很顺利。我了解到这样几个信息：1.由于父母都在塘沽工作，平日很忙，孩子从小就交给了长辈，只有周末的时候父母才能和孩子有一个短暂的相聚，在这个短暂的相聚中，他们基本上都是以带孩子出去玩、满足孩子的各种要求为主。2.平时龙龙和爷爷奶奶在一起的时候，从来都是说一不二，如果犯错了，老人多会以各种各样的理由护着孩子。3.爸爸脾气比较急，如果遇到龙龙犯错了，经常采取一种"短、平、快"的方法，大声呵斥，有时还要拍上几巴掌。我想这些都是造成孩子出现问题的原因。

措施效果

　　通过这次沟通，我和龙龙的父母达成了共识，制定了帮助龙龙改变的家园共育措施。家庭方面：第一，龙龙父母认识到要成为孩子成长的第一责任人，每天保证有一人按时下班，把孩子接回自己家中陪伴，改变过周末的方式，多在家里度过有效的亲子时光；第二，我们坚持每天沟通，让家长及时了解龙龙在园的情况；第三，尝试"以静制怒"小方案，当龙龙遇到问题、容易暴躁的时候，我们冷处理，先"晾一晾"他，给他一个发泄的时间，让他把暴躁的情绪都发泄出来，等他静下来了，再来和他沟通。同时我们也和龙龙爸爸达成共识，在面对孩子犯错的时候，要控制自己，不把这种暴怒的情绪传达给孩子，要换一种平等的方式，来尝试"男人与男人"的沟通。从幼儿园方面，我们也要在帮助龙龙改变的同时，扭转小朋友们对龙龙的态度，让大家对龙龙能够从排斥走向接纳。就这样，经过一段时间的共同努力，龙龙渐渐地发生了变化，他会经常告诉我爸爸陪他做了什么、妈妈给他讲了什么，从他的描述中，我感受到他们家中的变化，就在这个关键时刻，一件事情的发生助了我们一臂之力！

那是一次户外活动，龙龙和一位大班的小朋友撞到了一起，龙龙站起来顺手就推了人家一把，嘴里说："你怎么回事，干什么撞我？"谁知大班的这位哥哥也不示弱，反驳说："是你跑得太快才撞到的，怎么能全怪我？你也有错！"此时龙龙一看事态不对，马上站到我身后，想让我帮助他。这时我什么也没说，静静地看着。这位大班的哥哥紧紧地跟着他，非要他承认错误。在大哥哥的紧追不舍下，龙龙第一次承认了错误。这一切我早已看在了眼中。我觉得这是一次对幼儿进行良好教育的时机。回到了班里，我给幼儿讲了《狮王装病》的故事，描述了鸽子要跟兔子、青蛙比飞的本领，兔子要跟鸽子、青蛙比跑的本领，青蛙要跟兔子、鸽子比游的本领这样的故事内容。故事讲完后，请幼儿讨论，小动物都选择了什么样的本领跟伙伴比。经过大家的一致分析，得出"用自己的强项跟别人的弱项相比"的结论。在此基础上，我引导幼儿思考如果这样会出现什么样的现象。由于幼儿在日常活动中接触过类似的现象，因此对于他们来说有一定的经验。孩子们说"总欺负小朋友大家就会躲着你，不和你玩""打人的小朋友就会被警察带走""总打人是坏孩子"……孩子们一边说，我一边观察龙龙的反应，只见他慢慢地低下了头。我意识到此时的话题对他已经起了作用，于是马上转变话题："是不是犯了一次错误就永远是坏孩子了？"孩子们的回答达到了我预期的目的。通过这次谈话，孩子们不仅明确知道了随意欺负人是不对的，而且知道了应该向他人的长处学习，这样才会进步。渐渐地我发现，龙龙会在户外活动的时候主动把玩具让给女孩子玩了，会在大家需要帮助的时候主动伸手了。而龙龙的每一次进步我都会在大家面前表扬他。就这样，小朋友们告状的声音渐渐地消失了，越来越多的小朋友愿意去和龙龙一起游戏，看到孩子们灿烂的微笑，我开心极了！

个人感悟

　　我想，每个人在成长的过程中都会犯这样那样的错误，这是成长历程中必然要经历的。作为老师，我很庆幸能遇到这样的典型问题，通过我们积极的家园互动，帮助孩子们解决问题。在这个过程中既保护幼儿的自尊心，又帮助他认识到怎样才是正确的和朋友相处的方式，如何与同伴友好地相处。我相信作为一名教师，要有一双善于发现的眼睛，要做一个有心的教育人，帮助孩子扣好人生的第一颗扣子，让每一个孩子都健康快乐地成长。

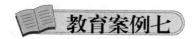

做错事背后的秘密

张 丽

个案描述

晚餐过后，朵朵急匆匆地跑来对我说："老师，我夹在自己图书里的树叶书签被磊磊弄坏了！"我顺着朵朵小手指的方向望去，只见磊磊的小手紧紧背在身后，身旁还有散落着的小叶片，这时孩子们你一言、我一语地对我说："是磊磊给弄坏的，就是磊磊抢过去给弄坏的……"磊磊一副满不在乎的样子说："我……就是想看看。""不是，不是！是你抢过去，然后还用手把树叶书签弄碎了！"几个小朋友大声地说。见此情形，磊磊站在一边仰着头、抱着肩、急得呜呜哭了起来。

原因分析

在幼儿园的生活中会发生许许多多的突发事件，孩子们在"惹祸"后的态度各不相同。有的孩子性格内向，他们的表现常常是内疚、自责，同时会接受别人的批评和指责；有的孩子性格外向，他们的表现往往是据理力争；而有的孩子自尊心强，有强烈的逆反心理，他们的态度非常强硬，然而在强硬的背后隐藏的是局促不安。磊磊平时是个遇到事情不爱表达的孩子,面对自己喜欢的东西没有与小伙伴进行友好的交流沟通,而是行动在先,造成了书签破损的后果,磊磊的内心有着自己的解释却迟迟说不出口、着急、愤怒、委屈多种情感交集,所以面对同伴的指责没有认错反而大哭起来。

措施效果

　　基于上述的分析,面对书签风波,我采取了多种方式逐步引导,帮助幼儿提升交往经验。首先教师应平静地面对幼儿的错误,孩子做错事情,往往在错误的背后隐藏着他自己认为很合理的理由,教师简单的批评说教并不能解决根本问题,只有了解孩子的真实想法才能对症下药,解决问题。为了弄清楚磊磊弄坏书签的真正原因,我调整了自己的情绪问道:"书签是你弄坏的吗?"见他低头不语,我又郑重地对他说:"如果是你弄坏了别人的东西,那你做错了一件事,如果你做错了事还不承认就又犯了一个说谎的错误,那就做错了两件事。你是一个聪明的孩子,现在告诉老师,书签是你弄坏的吗?"这会儿他虽然点点头,但依然一副委屈的样子。于是我追问道:"你为什么要把朵朵的书签弄坏呢?"他依然吞吞吐吐不说话。我缓和了一下语气,耐心地对他说:"老师只想知道你的想法,如果你有道理,我就会帮你向朵朵解释,请她原谅你。"听了我的话,他抬起头说:"我看到朵朵的树叶书签,我特别喜欢,我就想拿过来看一看,结果干了的小树叶太脆了,我一拿就碎了,其实我真不是故意弄碎的,呜……"磊磊再一次大哭起来。听了他的话,我为自己刚才的冷静感到庆幸。

　　中班幼儿随着交往的增多,交往中的矛盾也会随之增多,然而幼儿在解决问题时多以自我为中心,引导幼儿进行换位思考有利于幼儿提高道德认识,从根本上解决问题。所以我并没有马上在小朋友面前批评磊磊,我把磊磊带到一边,给他讲了道理:"如果你想要看书签可以和朵朵商量或是请老师帮忙,但不能随意抢别人的东西。"我适时地安抚磊磊的情绪,让他的心情尽快平静下来,引导他用换位思考的方法想想,书签坏了,朵朵的心情是怎样的。过了一会儿磊磊的情绪平静下来,终于意识到自己的错误,主动找朵朵道了歉,两个小朋友很快又和好如初了。

　　作为教师应把尊重孩子落实在每一天工作的细节中,无论孩子的性格如何、表现如何,都希望被老师鼓励、被同伴肯定。教师在关注幼儿外在行为表现的同时也要关注幼儿内心的声音,耐心倾听孩子的想法,为孩子营造一个敢于表达内心的宽松氛围,从而营造和谐的师幼关系。

个人感悟

　　幼儿教育的工作中总会遇到胆小不爱表达、做错事不敢承认等的幼儿,面对幼儿犯错的情况,教师经常迫不及待地直接将大道理讲给幼儿听,而大多数幼儿可能会因为屈服教师的权威,有理也默不作声。通过此次事件我清楚地知道,教师只有善于分析幼儿背后的心理,敏感地察觉到他的需要,及时增进与幼儿的情感交流,消除幼儿的不安,对幼儿的行为给予宽容和理解,才能真正走近孩子,走进孩子的内心世界!

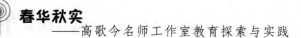

教育案例八

"淘气"的一明

张 虹

个案描述

一明小朋友,本学期大班插班生,5岁,男孩。自从他来到我们班,班里就失去了往日的平静,每天都有好多小朋友来告他的状,而且"罪状"十分齐全,有打人、骂人、抢小朋友玩具、弄小朋友衣服、头发等。我感觉每天总能听到一明的名字。不仅如此,在我上课的时候,他无法安静倾听,轻则让我抱着,像一块糖死死黏着我,让我无法和其他孩子交流,严重时在教室里跑来跑去,满地打滚,导致活动无法进行。我尝试了很多办法来教育他,谈心说服、严厉批评、让他转换角色体会其他小朋友的心情,却都没有什么明显效果。

原因分析

根据一明的在园情况,我多次联系他的爸妈,在和一明爸妈交谈中我找到了其中的原因。一明的爸妈结婚很早,两个人的文化水平不高,一明爸爸和妈妈一直在外做生意,家庭经济条件很好,一明爸爸从来不管家里事,一明妈妈年纪很轻,感觉自己还是个没长大的孩子,所以一明从很小就长托在寄宿幼儿园里,很少和家人在一起,平日里和爸妈很少沟通,遇事他的父母只用物质满足孩子的需要,认为这样就可以了,久而久之,一明变得霸道、不讲道理,对于孩子的行为一明爸妈根本无能为力。孩子太缺少爱,这就是为什么一明总是喜欢让老师抱的原因,同时也是基于这一点,致使一明没有养成良好的行为习惯。了解了这些,我抛弃了自己先前对一明的所有认识和评价,开始关注他,重新了解他。

措施效果

措施一:给予关爱

凡是美术活动,一明像换了一个人,安静、耐心地完成自己的作品,而且我发现他画的还是很不错的,形象生动,画面干净,我及时在全班表扬一明,并给了相应的奖励,告诉他老师很喜欢他这样做,还亲切地抱抱他,他开心得不得了,在我脸上狠狠回了两个吻。

措施二:树立威信

餐后看书的时候,一明坐在位子上认真地看自己选的书,一页页地翻动书籍,能看20多分钟,在这期间一明不动、不说话,看完后还能给我讲书里的事情,于是我就试着让一明到小朋友面前去讲,让其他小朋友学习他认真看书的好习惯。得到老师与小朋友的表扬和认可,一明脸上的笑容越来越灿烂,我发现告状的小朋友也少了很多。

措施三:积极回应

一天吃小排骨,一明很纳闷地问我们:"老师,猪猪还能生小猪猪就把它宰了,多可怜!"我突然感到一明的思维力很强,而且富于同情心,我把这件事告诉了他的妈妈,一明妈妈也说:"是呢,那天他举着画有两个圆形的地球仪(平面地球仪)画报问我,妈妈,地球怎么是两个球呢?不是一个吗?我没有文化,不知怎么回答。"我感到孩子缺少和大人的沟通,虽然有极强的求知欲,但是没有引领,所以孩子只能撒欢耍赖。因此我告诉自己,一定要每天和一明聊天,对于他的疑问我会不厌其烦地和他探讨研究。就在"十一"长假前,一明对我们说:"老师,假期我参加婚礼去,回来给你们带糖,你们比我妈妈还好呢。"简单的一句话让我们感动了好久。

半个学期过去了,一明就像是变了一个人似的,做事认真仔细,再也没有跟小朋友产生摩擦,甚至当别的小朋友犯错时,他还能给犯错的孩子讲道理。不仅如此,一明还展现出自己在美术、语言、数学方面的特长,求知欲很强,成为小伙伴们的"万事通",时常帮同伴解答问题。在一明的成长的过程中,我积极地和他的爸妈联系,帮助家长提高自身的育儿能力,树立父母的威望,一明的家庭关系更加和睦温馨。

个人感悟

　　通过一明这件事,我深深感受到,教师正确看待每个孩子有多重要。孩子是家庭的希望、祖国的未来,而幼儿教育又是现代教育体系的重要组成部分,所以对孩子进行幼儿教育是十分必要的。我们在幼儿教育中要善于发现孩子的"闪光点"。每个孩子都有自己的长处。作为老师,在工作和生活当中要注意并善于发现孩子的优点,并根据孩子的特点,因人施教,当他们有了进步,要及时给予表扬、鼓励,使他们认识到自己存在的价值,增强自信,从而促进幼儿健康成长。

　　21世纪是一个充满活力、充满机遇、充满竞争的世纪,要将孩子培养为社会的栋梁、祖国的未来,幼儿教育任重道远。我们要努力探索在幼儿教育过程中发现孩子的闪光点,充分调动孩子学习的积极性和主动性,给他们以信心,使他们茁壮成长。

　　(此文荣获天津市学前教育优秀案例评选一等奖)

小锋的变化

范 静

个案描述

　　小锋,男,4岁,中班。早晨来园时,我问"小锋早",小锋低着头不说话,看着我眨眨眼后就赶快走进活动室。手工活动时,其他小朋友都忙得不亦乐乎,一会儿折,一会儿剪,一会儿贴。小锋坐在那儿,一会儿看看左边的小朋友,一会儿看看对面的小朋友,一会儿又偷偷地看我一眼,然后赶紧低下头。绘画活动时,大家都在认真地构思、打稿、涂色,小锋坐在那儿迟迟不敢动笔,尝试着画了两笔又涂掉。午睡起床后,小朋友们穿好衣服后开始自己叠被子,小锋努力尝试了几下后把被子团在一起堆到了床头。

原因分析

　　小锋性格比较内向,有些胆小,不爱说话。小锋的父母工作比较忙,平时主要是爷爷奶奶带他,老人本身也不太爱说话,在家跟孩子交流得比较少,带孩子出去的机会也不多,小锋在公共场合比较紧张,羞于表现自己,害怕与人交流,说话声音也很小。爷爷奶奶不太注重教育方法,在家里包办代替比较多,很少让孩子自己动手做事情。

措施效果

家园沟通,及时与家长交流,建议父母抽时间多陪伴孩子,多与孩子交流,可以开展亲子阅读活动,让幼儿观察画面后描述画面内容、讲述故事大意,发展语言表达能力。作为教师主动与幼儿交流,见面主动与幼儿打招呼,鼓励幼儿大胆回应,并以口头表扬和小礼物奖励的方式,增加幼儿的自信心和表达的欲望。

在班级内开展"经典故事大家讲"的活动,使每一名幼儿都要参与到讲故事活动中。刚开始小锋不太敢讲时,我让小朋友给他加油鼓劲;讲得不太熟练时,我及时提醒;讲完后,对于小锋的突破和进步给予充分的表扬与肯定。

建议家长减少包办代替的情况,在班级中开展"为我点赞"的活动,每日布置一些生活小任务让幼儿在家独立完成,请家长第二天为能够独立完成的幼儿在点赞墙上贴一枚大拇指粘贴,以这样的方式鼓励幼儿自己动手,减少家长的包办代替。同时,每日跟小锋的奶奶沟通,了解小锋每日在家完成小任务的情况,并适当增加一些折纸、剪纸等小任务,与家长共同促进提升幼儿的动手能力。

经过一段时间的调整,小锋变得自信起来,早晨见面能够做到主动大声地向老师问好。讲故事时,从最初的站在前面不敢出声,到小声地简短讲完,到现在已经能够大声地并且基本按照原文的语言较完整地讲述故事,有了很大的突破与进步。动手能力方面,小锋从最初的不愿动手尝试,到现在已经能够敢于尝试,虽然有时还做不太好,但是已经有了自己独立动手完成的意识。

个人感悟

经过一系列的教育措施,家长能够明显地感觉到孩子的变化,班里的小朋友也能看到小锋的巨大进步,纷纷给小锋竖起大拇指,夸他棒棒的。这无疑是对我们家园共育的最大肯定。每个孩子生来都是一张白纸,你付出努力赋予他什么,这张纸上就会呈现出什么,希望通过幼儿园和家长的共同用心,每张白纸都能变成一幅巨作。

皮皮变温和了

冀 娜

个案描述

皮皮,男孩,3 岁 9 个月。作为新入小班的幼儿,皮皮是班里年龄较大、身高较高的男孩。皮皮经常会抢其他小朋友手里的玩具,如果不给他想玩的玩具,他便会表现出打人、踢人、甚至是咬人等攻击行为。老师讲道理时,皮皮会边哭边说:"我想玩嘛!"此外,皮皮自控能力较差,动作比较随意,有时会没有原因地打人。

原因分析

(一)缺少和同龄人的交往经验

皮皮从小和爷爷奶奶生活在外省市,同伴都是爷爷同事家的孩子,这些孩子都到皮皮爷爷家里玩,并且都很"包容"皮皮。这让皮皮感觉自己是被特殊照顾的,这并不利于皮皮在成长过程中改变以自我为中心的心态。

(二)奶奶的过度溺爱

过分宠爱儿童,过多满足儿童的需要,这种儿童是家庭的中心,长大后容易变得自私自利,缺乏社会兴趣。皮皮在奶奶的溺爱下逐步形成了以自我为中心的心理特点,以至于在社会交往过程中出现了攻击行为。甚至在老师讲道理时,皮皮会哭闹,因为"在奶奶面前,只要他一哭,奶奶便会心软,什么都会依着他"。

(三)爸爸过于严厉的教育方式

皮皮的爸爸有时会以过于严厉的方式(比如大吼、打骂等)来教育皮皮。社会学习理论认为,儿童通过观察他人的行为和行为后果所受的强化,间接地习得攻击性行为。皮皮爸爸教育皮皮的初衷是好的,但是其打骂的行为正好为皮皮提供了学习的机会。

(四)母亲教育的缺失

皮皮从小就与妈妈分离,母爱的缺席,使得皮皮不知如何正确地与人相处、如何正确地表达自己的需求、如何正确地表达自己的爱。

矫正措施

通过分析,我们可以发现皮皮的问题主要因为家庭教育不得当。适宜的家庭教育有利于矫正皮皮的攻击行为;幼儿园的集体生活也为皮皮行为的改正提供了较好的环境。

(一)取得家长信任,发挥主要家长的作用

虽然皮皮上幼儿园之前母亲的教育是缺失的,但在这个家庭里,皮皮的妈妈是最有能量的,并且心理情感很稳定。但是皮皮的奶奶对他的影响却是最大的。在这样一个家庭系统里,我选择将妈妈作为主要家长。

在家里,妈妈可以给皮皮稳定的心理支持,能平息爸爸面对皮皮犯错时暴躁的怒火,并能抗衡奶奶的溺爱。针对皮皮在幼儿园的行为表现、分析其背后的原因,通过多次交流,推荐书籍《少有人走的路》《孩子,把你的手给我》,我帮助皮皮妈妈了解什么是真正的爱以及在理解孩子的行为基础上如何和他们交流更有效。

(二)引导家长对孩子进行高质量的陪伴

家长高质量的陪伴能够缓解孩子的焦虑心理,也容易帮助幼儿形成良好的性格。我向皮皮家长提供了一些有意思的亲子小游戏、亲子运动、适合亲子阅读的书籍等,同时引导家长在陪伴过程中观察皮皮的变化和发展,对皮皮进步的行为给予及时的、具体的鼓励和表扬。

(三)在幼儿园抓住时机,及时发现孩子的闪光点,坚持正面教育

除了积极引导皮皮家长对皮皮进行正面教育,我们在幼儿园也要给予皮皮正面的教育。比如,有一次饭后,皮皮同桌很想玩皮皮手里的玩具"毛毛虫",皮皮和同桌交换了玩具。我抓住这个契机,对皮皮愿意和同伴轮流、分享的行为进行了肯定,同时也对他的同桌用语言沟通的形式来获得自己想要的玩具的行为给予了肯定。这样不仅有利于皮皮发展自己良好的行为,也有利于皮皮向同伴学习良好社交行为。

矫正效果

(一)皮皮的攻击行为逐渐减少,并出现亲社会行为

到中班下学期,皮皮基本已经没有主动攻击的行为,同时还出现了一些像助人、关心他人的亲社会行为。

(二)皮皮爸爸妈妈的教育行为发生了很大的变化

皮皮妈妈换了一份时间相对充裕的工作,留出更多的时间来陪伴他。皮皮爸爸依旧很严厉,但是慢慢转换了不适宜的教育方式,更多地发现皮皮的优点,并给予鼓励。

(三)愿意和皮皮一起玩耍的小朋友越来越多

到中班后期,愿意和皮皮一起玩耍的幼儿越来越多。有一次,皮皮病了没有来,有的幼儿说:"老师,皮皮什么时候来幼儿园?我都想他了。"

(四)老师们一致认为皮皮已经学会基本的社会交往技能

老师们对皮皮的"有意关注"已经越来越少,不再担心皮皮会随意打人。皮皮发脾气时,在老师的安抚下也能很快地平静下来。

个人感悟

皮皮从小班入园随意打人,到后来能和其他幼儿友好相处,这期间老师和家长共同做出了努力。在教育幼儿时,教师们一定要积极争取家长的信任

与合作。信任能让彼此之间产生一种有益的连接,从而实现更好地合作。教师要有"有教无类"和"因材施教"的理念。对于班里"过于淘气"的幼儿更要一视同仁,平时多观察并分析幼儿的行为,找出原因,进而"因材施教"。总之,教师要相信每朵花都有绽放的能力,给予爱心,留有耐心,花儿的花期不同,但定会绽放。

第四编

专业发展——教育活动篇

　　所谓活动设计,简单地说,就是指教师为达成一定的教育目标,对教育活动进行的系统规划、安排与决策。每位教师都应该认真编写活动设计。设计教育活动是做好教育活动的先决条件。这是一项艰苦而细致的脑力工作,要花费大量时间和精力用于阅读与思考,而活动设计正是全部备课劳动的结晶。活动设计在《幼儿园教育指导纲要(试行)》《3-6岁儿童学习与发展指南》与幼儿活动之间架起一座沟通的桥梁,是一个承前启后、化静为动的枢纽。

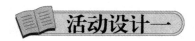

大班健康活动"菲菲生气了"

王君玲

活动目标

1.幼儿在欣赏故事和回忆自身经历中进一步认识生气的情绪。

2.幼儿能看懂表格中的内容,找出适宜的调控生气情绪的方法。

3.幼儿能在小组讨论中倾听别人讲话,并大胆讲述自己的经历。

活动准备

1.经验准备:幼儿对生气的情绪有初步的认识。

2.物质准备:画纸、画笔、《菲菲生气了》绘本课件、任务表格。

活动过程

(一)幼儿阅读绘本,进一步认识生气的情绪。

1.这个小女孩叫菲菲,她这是怎么了?

2.究竟发生了什么事让她有这样的情绪呢? 我们来听故事。

3.什么事让菲菲这么生气呢? 生气时会有什么表现?

(二)幼儿绘画、分享自己"生气的经历"。

1.生活中有些事真的会让人很生气,说出来会好一些。请每个小朋友回忆让自己生气的事,并用简笔画画出来。

2.绘画:让我生气的事。

3.分享:幼儿分成两组讲述自己的经历和当时的感受。教师巡回聆听幼儿的分享,感受幼儿的情绪。

(三)幼儿找出适宜的调控情绪的方法

1.生气很正常,谁都会生气。当你生气的时候,用适宜的方法让自己冷静下来,开心起来,你就是很棒的小朋友!

2.小朋友有什么好的方法帮助菲菲吗?

3.出示表格,幼儿自主判断并做出选择。教师巡回指导,询问幼儿对画面的理解。

4.教师小结:调控情绪的方法有很多,适宜的是哪些?

5.教师把故事讲完,小结今天活动的内容,询问幼儿的感受。

活动延伸

引导幼儿在以后的生活中尝试着用一用调控情绪的方法,让自己做个会调控的情绪的聪明孩子。

大班数学活动"蜘蛛和糖果店"

宁 宇

活动目标

1.在观察、分析的基础上,幼儿大胆进行推理与预测,初步感知概率、建立统计的概念。

2.愿意探索生活中事物之间的关系,体会数学活动的乐趣。

活动准备

1.精神准备:幼儿前期经验。

2.物质准备:自制幻灯片,人手一张统计表,彩色蜡笔。

活动过程

环节一:情景激趣

1."小朋友们,你们都喜欢糖果吗?谁来说一说你喜欢什么糖果?"

2."今天我要给大家讲一个有趣的故事《糖果店的秘密》。"

指导策略:联系日常生活,利用幼儿喜欢的事物吸引幼儿的注意,激发幼儿听故事的兴趣。

环节二:大胆猜测

1.咪咪来买糖,蜘蛛出示咪咪的买糖记录。

教师提问:"你们同意蜘蛛的猜测吗?从记录中的哪里可以看出咪咪喜欢吃棒棒糖?蜘蛛都记录了什么?"

2.东东来买糖,蜘蛛出示了东东的买糖记录。

教师提问:"冬冬来过几次糖果店?买过什么糖?这次他可能会买什么糖?"

3.洋洋来买糖,蜘蛛出示买糖记录。

教师提问:"洋洋买过几种糖?他怎么来过5次却只买了4种糖?这次洋洋可能会买什么糖?"

4.菲菲来买糖,蜘蛛出示买糖记录。

教师提问:"菲菲买过几种糖?菲菲怎么来过6次,每次买的糖都不一样?这次菲菲可能会买什么糖?"

5.晨晨来买糖,出示买糖记录。

教师提问:"晨晨买过几次糖,买过什么糖?晨晨喜欢吃哪几种糖,这次会买什么糖?"

指导策略:听故事,根据线索为幼儿设置故事情境,提示幼儿观察统计表,通过提问,引导幼儿分析表格,尝试猜测不同人物喜欢的糖,进而预测客人这次要买的糖,使幼儿发现事物之间的联系,掌握一定的规律。

环节三:意料之外

小明和小亮来到糖果店,出示买糖记录。

教师提问:"根据我们学会的方法来猜一猜,小明和小亮可能会买什么糖?为什么?有其他的可能吗?"

指导策略:引导幼儿运用前面学会的经验进行估计,在出现意料之外的结果后,引导幼儿大胆猜测原因,培养幼儿的发散思维和想象能力。通过意想不到的结果提示幼儿,估计和猜测有时也会出现意外,使劲儿初步感知概率。

环节四:观察统计

1.阿姨又准备进货了,怎样才能知道哪种糖果才是最受欢迎的呢?

2.出示"买糖记录表",引导幼儿观察、理解。

3.幼儿人手一份操作统计表,找出每个小朋友最喜欢的糖果。

指导策略:利用表格,在已有经验的基础上,让幼儿进行统计,提升幼儿的能力。

活动延伸

在日常教育与生活活动中,引导幼儿学会多观察,多动脑筋,发现生活中自己感兴趣的现象,提示幼儿利用统计的方法来解决问题,通过表面的现象总结出一定的规律,进而大胆猜测可能出现的结果,锻炼幼儿的思维能力。

(本文获天津市教育科学学会教育信息研究分会 "《3-6 岁儿童学习与发展指南》引领下幼儿园优秀课评选"活动二等奖)

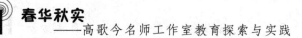
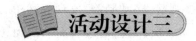
活动设计三

大班音乐活动"非洲欢迎你"

李冬媛

活动目标

1.感受非洲音乐的节奏特点,尝试用非洲土语大胆地表演歌曲。

2.尝试用声音、动作、乐器表现节奏性音乐,体验热情奔放的音乐风格。

3.体验音乐活动带来的愉悦,感受音乐游戏的乐趣。

活动准备

1.经验准备:幼儿对图谱有一定的认识和了解。对非洲音乐有初步的感受。对非洲的人的生活有所了解。

2.物质准备:有关非洲的图片、音乐 *Funga*、非洲人的头饰等,非洲鼓一架。

活动过程

(一)"来到非洲",感受非洲音乐的热情

导入环节:教师通过扮演非洲舞蹈的角色,带领幼儿入场,让幼儿通过学习非洲舞蹈动作融入活动,并感受非洲的热情。

设计意图:情境式的导入环节,帮助幼儿尽快了解非洲音乐。引发幼儿的欣赏的热情和学习兴趣。

(二)了解非洲,走进非洲音乐

通过图片展示的方式使幼儿进一步了解非洲人们的生活及问候语。学说非洲土语,认识非洲鼓,并引导幼儿通过肢体语言跟随音乐一起边唱边跳。

设计意图:通过听一听、看一看、动一动等教学环节的设计,让幼儿了解非洲鼓的特点,体验非洲音乐中反复、呼应的表现方式,充分感受非洲歌舞强烈的音乐震撼力。

(三)走进非洲,趣玩非洲音乐

欣赏非洲音乐 *Funga*,引导幼儿跟随音乐体验节奏特点。

(1)分三段听音乐,请幼儿拍出听到的节奏型。教师将幼儿拍出的节奏型以图谱进行展示。

(2)游戏:音乐接龙,教师拍出音乐中典型节奏,请幼儿用铃鼓一位接一位地拍出节奏。

(3)游戏:回声游戏,节奏模仿,练习几组典型的非洲音乐节奏。请幼儿尝试模仿节奏并用乐器表现节奏。

设计意图:通过聆听、模仿等体验活动,让幼儿能亲身体验非洲音乐复杂多变的节奏特点,认识和理解非洲音乐独特的魅力。

(四)乐在非洲,体验非洲音乐的乐趣

围圈游戏(播放音乐):"非洲人能歌善舞,让我们也模仿非洲人唱起来、跳起来吧!"

设计意图:游戏环节的加入,帮助幼儿对整节课的内容进行梳理并复习,激发幼儿进一步表现的欲望和对音乐的诠释。

活动延伸

将图谱及乐器投放到表演区,幼儿可创编更多的节奏性及舞蹈动作。

附:活动设计意图:

非洲人性格开朗,热情奔放,音乐是他们生活的灵魂,伴随着鼓声与人声的结合,通过对音乐的感受和演绎,能够让孩子们开展快乐的"非洲之旅",因为幼儿对非洲地区的民族民间音乐知识了解得比较少,要在一节课内对非洲音乐的风格特点、表现形式、演奏乐器等有全面、准确的了解有一定的难度。因此在选择教学内容时,教师设计了以非洲音乐的节奏特点、鼓乐风格两大部分内容为主线的教学思路。引导幼儿通过欣赏、体验、表现的方式充分地感受和体验音乐带给我们的快乐,并根据大班幼儿的年龄特点及"创造条件让幼儿接触多种艺术形式和作品。经常让幼儿接触适宜的、各种形式的音乐作品,丰富幼儿对音乐的感受和体验"来进行教学。

本班幼儿在大班的一年中接触了很多节奏练习的音乐活动,所以对节奏演绎的音乐活动有了一定的基础和经验。

(本文获天津市"指南引领下幼儿园优秀课评选"活动中获二等奖)

大班体育活动"好玩儿的追逐游戏"

李金丽

活动目标

1.使幼儿练习追逐跑,能动作协调灵活地躲闪、追逐。

2.使幼儿感受追逐游戏的快乐,知道遵守游戏规则。

活动准备

(一)经验准备:

1.幼儿能听懂指令并按指令行动。

2.幼儿能熟悉《兔子舞》的音乐旋律。

(二)物质准备:

1.材料:大火柴棒两根;音乐《运动员进行曲》《兔子舞》。

2.便于运动的师生服装。

3.检查场地,确保无不安全因素。

活动过程

(一)准备活动:

1.队列练习:幼儿听音乐左右分队走,使队形从四路纵队合成两路纵队,为下一环节做准备。

2.热身运动:教师自编节奏感明显的身体部位儿歌,带领幼儿重点活动颈部、肩关节、腰部、膝部、下肢和踝关节,为追逐跑做好铺垫。

3.反应练习:教师发口令,幼儿根据口令摸摸脚、蹲下、起立等,再做相反的动作,看谁反应快。

(二)游戏"你追我赶",练习追逐跑:

1.幼儿以跑向自己的家为情境,进行基本跑步练习。

(1)指导要点:两组幼儿面对面站着,在教师起跑口令下,分别跑向自己的"家",听口令再跑回来。

(2)幼儿在跑步过程中,教师观察幼儿摆臂情况,以平行游戏的方式加入活动中,和幼儿一同练习摆臂,注意身体前倾,前后摆臂要有力。幼儿体会要点,再次练习。

2.幼儿在教师口令下,练习直线追逐跑

(1)游戏方法:教师喊某组的队名,被喊到那一队的幼儿当被追者,另一队当追逐者。

(2)游戏规则:被追者跑到自己的"家"就胜利,同追逐者放松地走回到起点上。

(3)教师提问:"小朋友怎样才能跑得快,不让后面的人抓到自己?"

(4)教师示范并总结:充分摆臂、蹬地,两条腿交替得快一些。请幼儿调整姿势,再次练习。

3.幼儿玩猜拳追逐游戏,巩固练习追逐跑

(1)指导要点:赢家追输家,提醒幼儿动作规范、反应迅速;建议幼儿变换对象进行游戏。游戏根据幼儿活动情况玩2~3遍。

(2)观察幼儿活动情况,提醒幼儿擦汗,做放松运动,适当休息。

(三)幼儿通过游戏"点花炮"练习四散追逐跑,体验追逐游戏的快乐:

1.教师扮点爆竹的人,四散追逐"小花炮",被点到的幼儿蹲下停止游戏。

2.幼儿休息,和老师讨论为什么有的小爆竹没被点到。总结提升:加速跑、左右躲闪跑可以使"小爆竹"溜掉不被点到。

3.增加游戏难度,邀请另一名教师当点炮人进行游戏。根据幼儿动作熟练程度,教师选择点炮的对象。

（四）放松运动：

播放音乐《兔子舞》，幼儿随着音乐有节奏地捏捏胳膊、捶捶腿，做放松动作，愉快地结束游戏。

活动延伸

1.教师提出新的挑战，如通过"交换"和"营救"练习躲闪，通过情境的丰富，满足幼儿继续游戏的欲望。

2.教师在户外活动中创设不同的游戏情境，如"鲨口逃生""逃家小兔""吃毛桃"等，巩固幼儿追逐跑的能力。

（此文荣获天津市优秀活动设计二等奖）

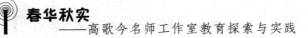

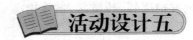

中班音乐欣赏活动"化蝶"

李　南

活动目标

1.使幼儿初步感受音乐《化蝶》ABB 的曲式结构和 B 段乐句,感受乐曲优美抒情的旋律。

2. 幼儿能用自己喜欢的方式表现 A 段音乐的宁静和 B 段音乐的优美及乐句的分辨。

3.在倾听和表现中体验古典音乐带来的美的感受。

活动准备

(一)经验准备:

1.幼儿听过不同节奏、旋律的歌曲、乐曲。

2.幼儿有对蝴蝶飞舞姿态的感性认识(向上飞、向下飞、绕圈飞等)。

(二)物质准备:

乐曲《化蝶》;图谱 1(花开)、图谱 2、3(蝴蝶飞舞)。

活动过程

(一)导入部分:通过谈话唤醒幼儿对原有音乐欣赏的经验。

教师提问:"小朋友们,你们以前听过音乐吗？听过什么音乐？谁来哼一哼、唱一唱？"(引导幼儿感知歌曲的节奏、强度、旋律等,为欣赏《化蝶》做铺垫)

(二)乐曲整体欣赏部分:

1.引出乐曲欣赏:"李老师今天带来一首音乐,你们来听一听,这首音乐听起来是什么样的感觉?"

2.介绍乐曲名称:"其实这首音乐还有一个好听的名字,叫'化蝶'。大家知道'化蝶'是什么意思吗?是谁变成了蝴蝶呢?这里有一个美丽的传说……"(教师有感情地讲述"梁山伯与祝英台变成蝴蝶的故事",加深幼儿对乐曲名称的理解)

(三)分段欣赏部分:

1.欣赏第一、二段音乐。

(1)通过对比倾听的方式引导幼儿欣赏第一、二段音乐:"这首歌曲说的就是花儿开放、蝴蝶飞舞的事情,我们来听听哪段音乐是花儿开放,哪段是蝴蝶在飞?"

(2)请幼儿结合图谱欣赏第一段音乐,感知第一段音乐的宁静:"花儿是怎么开的?我们来听听花开的音乐。"

2.欣赏第二段音乐。

(1)通过情境引导幼儿欣赏第二段音乐:"花儿开放了,这时谁来了?"(教师出示图谱2,通过视听结合引导幼儿倾听、感知第二段音乐的旋律和乐句)

(2)第二遍欣赏:"蝴蝶飞来了吗?它是怎么飞的?哪部分音乐是向上飞?哪部分音乐是向下飞?我们再来听听。"

(3)第三遍欣赏:"蝴蝶向上飞又向下飞是飞了一次,它这样飞了多少次?"(引导幼儿理解乐句)"我们再听一遍蝴蝶飞的音乐,请你用你的动作告诉我蝴蝶飞了几次好吗?"

3.欣赏第三段音乐。

"老师还想请你们听一段音乐,听听这段音乐和刚刚哪段音乐一样?和哪段不一样?

第二遍欣赏:请幼儿结合图谱3验证自己的理解。

(四)再次整体欣赏部分:

1.通过问题引领的方式,引导幼儿感知乐曲ABB的结构:"这首歌曲有几

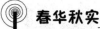
段？哪段和哪段一样？哪段和哪段不一样？"

2."今天我们听的音乐是一首世界名曲,我们再来听一遍,请大家听完后告诉我你的感受。"引导幼儿在分段理解的基础上完整地欣赏音乐一遍,加深对乐曲的整体感受。

3.角色扮演,引导幼儿大胆地用动作表现对乐曲的理解:"这首音乐这么优美好听,我们一起变成花儿、变成蝴蝶跳舞吧。"活动在音乐中自然地结束。

延伸活动

利用幼儿熟悉的乐曲、歌曲等组织幼儿玩"按乐句做动作"的游戏,进一步巩固幼儿对乐句分辨的能力,提高欣赏能力。

附:背景资料(故事):

传说有两个人,一个叫梁山伯,一个叫祝英台,他们是很好的朋友。每天他们都一起上学、一起玩耍,互相关心、互相爱护,谁也不想离开谁。于是,有一天,梁山伯和祝英台都变成了美丽的蝴蝶。看到这么美丽的蝴蝶,地上的花儿都一朵一朵地开放了。而美丽的蝴蝶就在花丛里飞来飞去,再也不分离。音乐家为了纪念梁山伯和祝英台,就创作了好听的音乐,并取名叫《化蝶》。

(本活动设计获走进童心世界——全国幼儿园优秀教育活动评选专家评选二等奖)

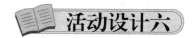

活动设计六

大班阅读绘本《好饿的老狼和猪的小镇》活动

李 蕊

活动目标

1.幼儿喜欢绘本阅读活动,能较细致地观察画面内容,进行大胆猜想,体会角色的心理变化。

2.幼儿能根据画面线索,理解故事内容,体会故事的诙谐有趣。

3.幼儿能用较连贯的一段话大胆表达自己的想法,幼儿的语言表达能力能得以提高。

活动准备

(一)经验准备:

1.幼儿有观察、阅读绘本的经验。

2.幼儿对狼和小猪生活习性有一定的了解。

(二)物质准备:

绘本若干、PPT(演示文稿)。

活动过程

(一)阅读绘本封面,激发幼儿阅读的兴趣

教师提问,引发幼儿大胆猜想。问题:"当老狼遇上猪会发生什么呢?那好饿的老狼遇到猪,又会发生什么呢?"鼓励幼儿运用已有经验大胆表达。

(二)师生共读,通过对人物表情、动作的细致观察,理解角色的心理变化

教师引导幼儿对画面中人物的表情、动作进行细致观察,大胆猜想并表达,此环节运用观察、表达、模仿表演等方式突破重点。

主要问题:"好饿的老狼看到了面馆的食物,它觉得很奇怪,为什么奇怪?它想到了什么? 在书店、电器店呢? "

"当好饿的老狼分别来到拉面馆、书店、电器店后,它的样子和刚刚进入猪小镇时有变化吗? 有什么变化? 这说明了什么? "(引导幼儿体会老狼的心理变化)

"当老狼发现自己处在危险之中时,它做了什么? 成功了吗? "

"你觉得这是只什么样的老狼? 那猪呢? "

"镇里的小猪们究竟知不知道这是一只老狼呢? "

(三)幼儿自主阅读,发现画面中隐藏的故事线索,感受故事的诙谐和有趣,并能将自己的发现大胆表达出来

请幼儿通过阅读图书,发现画面之间的相互联系,理解小猪的聪明与机智。此环节运用观察法、讨论法、对比法突破难点。

1.幼儿自主阅读,教师观察指导:

观察幼儿阅读情况,指导幼儿有重点地看图书(封面、封底、扉页等),并将自己的发现相互联系,理解绘本内容。

2.抓住幼儿的阅读兴趣点,鼓励他们大胆进行猜想表达。

教师观察重点:幼儿阅读图书的方法、幼儿观察到的信息。

教师提问:"小猪们知不知道这是一只狼呢? 你从哪里发现的? 你现在觉得这是一群什么样的小猪呢? "鼓励幼儿根据阅读后的发现,大胆表达自己的理解和想法。

活动延伸

1.表演游戏:根据绘本《好饿的老狼和猪的小镇》,引导幼儿扮演角色,进行情境表演,感受、体验人物的不同性格特点。

2.续编故事:"老狼会把遇到的故事讲给谁听?其他的那些狼会相信吗?它们会来到猪的小镇吗? 会发生什么事情呢? "

(此文获天津市第十届优秀教育活动评选一等奖)

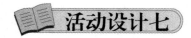活动设计七

小班数学活动"小老鼠藏在哪儿"

张　丽

活动目标

1.幼儿能够将物体作为参照物,区分物体所在上下、里外、前后的位置关系,感知物体基本的空间位置与方位。

2.幼儿能够在游戏中理解并掌握方位词:上下、里外、前后,感受不同的方位变化,体验游戏的快乐。

活动准备

1.经验准备:幼儿在生活中能初步区分物体所在上下、前后等位置关系,有初步的空间感知能力。

2.物质准备:多媒体课件、桌、椅、柜、帐篷、纸壳箱、沙包墙、自制大树等。(可充分利用班级内的现有空间资源)

活动过程

(一)幼儿听音乐入场,通过音乐激发幼儿对活动的兴趣

教师:"小朋友们最近一只耳带着一群小老鼠经常出来搞破坏,黑猫警长要去抓住它,你们愿意帮助黑猫警长吗?"(幼儿听音乐入场)

教师:"欢迎小朋友们来到我们的训练场。"

(二)教师出示 PPT,使幼儿初步感知空间方位:上下、里外、前后的位置关系

教师出示平面图,使幼儿初步感知方位关系。

教师:"要想抓住一只耳,就要学会一个本领——迅速说出小动物的位置。"(教师出示图片,鼓励幼儿自由大胆地表达)

(三)使幼儿在情景游戏中体验不同的方位变化,学习正确使用方位词

1.抓老鼠游戏。

(1)创设情境,请幼儿侦察后回到座位报告。

教师:"我刚刚接到报警电话,他们发现很多老鼠在偷吃粮食,老鼠很狡猾,藏到了仓库的各个位置,大家轻轻走进去,仔细观察一下老鼠们藏的位置,然后赶快回来向我报告。你发现的老鼠藏在了什么地方?"

(幼儿进入创设的情境中,侦察后回到座位向教师报告"敌情",自由回答椅子上有老鼠……桌子下有老鼠等,教师要及时关注胆小或有困难的幼儿,及时给予鼓励或帮助。)

(2)听口令,展开抓老鼠游戏。

教师:"竟然有那么多的老鼠在捣乱,情况十分火急,我们快去抓老鼠吧!"

(幼儿听口令后去场景中捉老鼠,教师要提前讲好游戏要求,请每位警员抓一只老鼠后回到座位上。)

(3)幼儿指认抓老鼠现场。

教师请幼儿报告抓到老鼠的具体位置,幼儿能用上下、里外、前后描述位置。

2."智斗'一只耳'",幼儿通过捉迷藏游戏体验空间位置。

幼儿观察"一只耳"的藏身地点并能准确地描述,并在教师引导下尝试捉迷藏的游戏,自己亲身感受空间方位。

(另一教师扮演"一只耳",藏藏这儿、藏藏那儿,幼儿用方位词描述位置。"当'一只耳'发现我们,我们要赶快藏起来,当'一只耳'不注意时,我们抓住大老鼠。")

(四)听音乐走出教室,获得成功体验

教师:"我们刚刚接到报案。咱们快去执行新的任务吧!"

活动延伸

可利用区域游戏、家园共育等多种形式与幼儿在游戏中巩固空间方位的认知,并鼓励幼儿在生活中运用空间方位词解决生活中的问题。

(数学活动"小老鼠藏在哪儿"获天津市幼儿园优秀课评选二等奖)

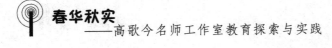
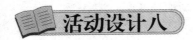
活动设计八

大班语言活动"故事《超级棒棒糖》"

张　虹

活动目标

1.知识目标:幼儿理解作品情节的变化,感受作品所表达的人与人互相关爱的情感。

2.情感目标:通过女巫在故事情节中前后不同的行为及心理,把握其性格的变化。

3.技能目标:幼儿理解词语"甜甜的"原意与外延含义,并能用"因为……所以……"的句式表达相关内容。

活动准备

1.经验准备:幼儿了解女巫的性格特点。

2.物质准备:课件。

活动过程

(一)谈话导入,激发兴趣。

1."你们喜欢吃棒棒糖吗? 你对棒棒糖有什么感觉?"

2."你们知道童话故事中女巫是什么样子的吗?"

"今天我给大家讲一个有关棒棒糖和女巫的故事。"

(二)教师边讲故事边与幼儿讨论故事情节,逐段理解。

第一段

1.“你们觉得什么样的棒棒糖是超级棒棒糖？”

2.“如果这时你有一根超级棒棒糖,你就会用它干什么呢？”

(指导幼儿用“如果……就……”的句式回答)

“糖巫婆用超级棒棒糖做了哪些事呢？让我们接着来听故事吧！”

第二段

1.“你喜欢糖巫婆吗？为什么？”(引导幼儿用“因为……所以……”来回答)

2.“糖巫婆觉得自己哪儿甜？你还知道哪些东西是甜甜的？”(使幼儿理解“甜甜的”本意及外延含义,知道“甜甜的”可以是形容味道甜甜的,还可以用“甜甜的”形容美好的事物。)

3.“糖巫婆认为自己是最甜的,别人就不能再比她甜,还做了不好的事情,你认为她是一个怎样的人呢？”(使幼儿理解糖巫婆自私的性格特点)

第三段

1.“小姑娘、男孩子和青蛙会救糖巫婆吗？为什么？他们是怎样的人？”(使幼儿理解宽容)

2.“糖巫婆会原谅青蛙吗？她会说什么呢？”(引导幼儿初步感受糖巫婆性格的转变)

3.“现在糖巫婆看到孩子们甜甜的笑脸,她的心情怎样？现在的糖巫婆是一个怎样的人呢？”(使幼儿进一步理解糖巫婆性格的转变)

(三)完整讲述故事。

(四)结束。

活动延伸

以问题拓展延伸、想象。问题:“改好的糖巫婆以后会用这个超级棒棒糖做哪些有意义的事呢？小朋友们想一想把它编成故事,讲给你们的朋友听。”

(此文荣获天津市第八届优秀教育活动一等奖)

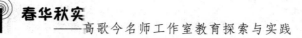

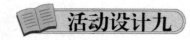活动设计九

小班健康活动"红绸变变变"

范　静

活动目标

1.幼儿学习听信号做动作。

2.幼儿在游戏中练习走、跑、跳、钻、爬等基本动作技能,发展身体的协调性与控制能力。

3.使幼儿本验集体游戏的乐趣。

活动准备

1.经验准备:幼儿有被风吹的经验,了解蚂蚁、青蛙、小鱼、小鸟的基本动作特征。

2.物质准备:背景音乐,大红绸一个。

活动过程

1.准备活动——热身操。

利用带幼儿去森林旅行的情境,使幼儿随音乐充分活动身体,尤其是下肢肌肉,运用深蹲、跳、原地跑和踏步的动作活动幼儿的膝盖和脚踝关节。

2.游戏——变变变。

(1)教师带领幼儿到森林里给红绸"施魔法",激发幼儿的游戏兴趣。

(2)游戏。

游戏一:刮风了(上肢练习——抖红绸)

教师带领幼儿分两组站在红绸两边,创设"刮风了"的情境,让幼儿练习双手抖动红绸。游戏中提示幼儿听信号做动作,"风大了",幼儿手臂举高抖动;"风小了",幼儿手臂放低蹲下抖动;"风停了",幼儿站好。教师提醒幼儿儿歌结束后,快快站到白线上站好。

游戏二:蚂蚁运粮(下肢练习——爬)

教师创设"蚂蚁运粮"的游戏情境,利用红绸做小路,让幼儿练习手膝着地向前爬,活动中提示幼儿快快爬,指导幼儿向前爬时抬头挺胸向前看,不翘脚尖。

游戏三:青蛙跳荷叶(下肢练习——跳)

教师利用红绸做荷叶,创设"青蛙跳荷叶"的情境,发展幼儿双脚向前行进跳及原地向上触物跳的动作技能。活动中提示幼儿跳到一个碰不到其他小朋友的地方,跳时注意安全,并根据幼儿具体情况进行安全教育讲评。

游戏四:网鱼(下肢练习——钻)

游戏分两次进行:

第一次游戏,教师将红绸迅速折短,距离大约 1 米,两名教师手持红绸做小桥,高度大约 70 厘米。创设"网鱼"游戏情境,幼儿模仿小鱼游,练习正面钻的基本动作。

第二次游戏,适当增加游戏难度。教师持红绸适当降低小桥的高度,大约为 65 厘米,使幼儿进一步体验钻的动作。教师在活动中提醒幼儿注意弯腰低头钻过渔网。

游戏五:小马跑(下肢练习——跑)

游戏分三次进行:

第一次游戏,教师将红绸举高,创设"小马跑"的情境,让幼儿练习跑的基本动作。

第二次游戏,配班教师将红绸向后移大约 5 米,让幼儿练习远跑,指导幼儿跑步时注意摆臂。

第三次游戏,配班教师再向后退大约 5 米,请幼儿再跑一次,练习快跑并进一步体验跑的动作要领。

3.结束活动——放松。

(1)教师带领幼儿借助红绸随音乐做身体各部位的放松动作。

(2)以开火车回家的情境,教师以火车鸣音由慢到快带领幼儿由慢走到快走,走出场地结束活动。

活动延伸

此活动可以作为日常户外游戏开展,也可以利用家长开放日以亲子游戏的方式进行。

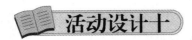

小班语言活动"七彩象"

冀 娜

活动目标

(一)学习复述作品中重复的句子:"我要帮你洗衣裳。""顾不上,顾不上,××等我去帮忙。"

(二)理解、丰富词汇:"漆、洗、抹"等动词。

(三)体验小白象助人为乐的优秀品质。

活动准备

(一)经验准备

1.使幼儿理解"油漆匠"的工作内容。幼儿明白当往一个物体(门、窗等)上漆上某种(红色)颜色的油漆后,这个物体(门、窗)就会变成这种颜色(红色)。

2.在日常生活中体验帮助同伴的快乐。

(二)物质准备

1.故事《七彩象》课件。

2.故事内容中角色及背景等相关图片及图示。

活动过程

(一)活动开始环节。

请幼儿猜谜语(耳朵像蒲扇,身子像小山,鼻子长又长,帮人把活干),通过小白象与七彩象的图片对比,提出问题,激发幼儿兴趣。

(二)活动进行环节。

1.出示 PPT,教师请幼儿完整欣赏故事,并进行提问。

"故事的名字是什么?故事中有谁?他们在干什么?这头小白象怎么会变成小花象呢?我们再来仔细地听一听、看一看。"

2.教师再次请幼儿欣赏故事,通过课件及图片帮助幼儿理解故事情节,并学说重点语句。

教师:"小白象都帮谁漆东西了?"幼儿:"小狗。"教师把"小狗"贴在相应的位置上。

教师:"小白象帮小狗漆什么了?漆成了什么颜色?"再把"天蓝色的门窗"的图片贴到相应的位置。

同样的方式对小象帮助的小猫、小兔的故事环节进行提问。

这一环节通过图示提问,幼儿学习复述作品中重复的句子:"我要帮你洗衣裳。""顾不上,顾不上,××等我去帮忙。"完成活动重点。

(三)活动结束环节。

使幼儿体验小白象助人为乐的优秀品质。

让幼儿通过回忆的方式完整讲述故事,同时运用提问法,引导幼儿去发现本质:"小白象变成了小花象,为什么大家都说真漂亮?""你帮助过别人吗?帮助别人后你的心理感受是怎么样的?"通过谈话让幼儿懂得友爱助人是能给大家带来快乐的。

活动延伸

角色区游戏。角色游戏是学前阶段最主要的游戏形式,在游戏中,幼儿要用语言进行角色间的交往,学习按角色的要求运用语言,又模仿又创造,对培养口语表达能力有促进作用;幼儿在进行角色游戏时还能认识社会,参与角色游戏能满足他们参与社会生活的渴望,充分表达他们的愿望,在情感上得到满足和快乐。教师在角色区提供故事《七彩象》中角色的头饰,以及房子、床、小桌子、刷子、油漆桶等道具。

第五编

实践创新——教育探索篇

撰写论文的过程,是教师教学业务水平、理论研究水平和写作水平不断提高的过程,是实现由感性认识向理性认识的飞跃和升华的过程。论文的写作正是建立在(他人或自己的)已有"思想""观点"基础上的,不断对材料进行加工,最终生成有序的、个人化的管理理念与教育思想。我们相信,经过有意识地努力,论文写作将会成为教师思考问题、论证观点、发表思想、教育探索的理想载体。

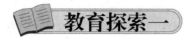

创新幼儿园大班数学探究式教学策略研究

王君玲

[摘　要]数学是一门培养和锻炼思维能力的基础课程,人们形象地称数学为人类思维的体操。在幼儿园进行数学启蒙教育,对孩子的思维发展和以后的学习都有着重要的意义。随着当前幼儿教育改革的不断深入,我们应当突破传统幼儿教育中的教育观念与角色定位,采用探究式教学的方式,以促进幼儿的思维发展、激发其数学学习的兴趣。本文结合实际工作经验,主要就如何实现幼儿园大班数学探究式教学策略及创新进行了研究与探讨。

[关键词]幼儿园大班　　　数学教学　　　探究式　　　创新

由于数学教学具有抽象性和逻辑性强的特点,如果只是单纯地通过教师向幼儿灌输知识的方式,幼儿既不能体验到数学的有用性与趣味性,也不能很好地对知识进行理解。因此在当前幼儿园大班的数学教学中,我们应积极提倡教师采用探究式教学的方式,以更好地调动幼儿学习中的主动性和自觉性,激发幼儿的想象力和思维力,并提升幼儿对数学学习的兴趣。

一、幼儿园开展数学探究式教学的必要性

在《幼儿园教育指导纲要(试行)》中明确指出了幼儿数学教育的四个主

春华秋实
——高歌今名师工作室教育探索与实践

要目标:第一,教导幼儿掌握一些浅显的数学知识;第二,培养幼儿的学习兴趣与爱好;第三,培养幼儿初步的思维能力与逻辑能力;第四,培养幼儿良好的学习习惯和学习态度。同时,幼儿的思维特点是以具体形象思维为主,要充分利用自然和实际生活引导幼儿通过观察、比较、操作、实验等方法进行数学活动的学习。

为此,在幼儿园大班的数学教学活动中,应以《幼儿园教育指导纲要(试行)》作为指导,紧密联系幼儿的生活,从幼儿已有知识与生活体验出发,通过探究式教学创设出良好的数学教育情境, 从而引导幼儿开展推理、操作、观察、交流等活动,引导幼儿运用已有的数学知识与技能解决生活中的数学问题,激发幼儿的数学学习兴趣与求知欲,发展幼儿的空间想象能力和逻辑思维能力。

二、幼儿园数学探究式教学的创新与改良

幼儿在数学探索活动中常会遇到许多问题, 容易产生急切学习的愿望,如果教师能注意捕捉合适的时机激励幼儿,就会起到举一反三的作用,让幼儿获得探究成功的喜悦。其结果不仅能使幼儿获取更多的数学知识和技能,锻炼思维能力,而且也提升了幼儿在数学学习上的主动性和热情。因此,在探究式数学教学中,我们应当注意方式方法,以实现探究式教学的创新与改良。

1.创设良好的问题情境

在数学教学活动中,通过对问题情境的创设,不仅能够使幼儿在最短的时间内,以最佳的思维状态进入学习环节中,而且能使幼儿产生强烈的探究欲望。因此在问题情境的创设中,我们应结合幼儿的实际生活体验以及教材特点,通过如谜语、游戏、故事或者图画等方式来创设适当的学习情境,从而能够使幼儿触景生情,对问题有所思、有所问。

例如在学习"果汁吧"时,教师可以预先布置一个果汁店的情景,在店内摆有橙汁、白开水、果汁瓶、纸杯等。在教学活动中,教师可以让幼儿轮流当果汁店的老板和客人,从而让幼儿在愉快的游戏活动中明白杯子和瓶子之间的

容量关系,让原本抽象化的数学知识概念具体化,让幼儿在具体的情境中体会到学习数学的乐趣。

2.鼓励幼儿自主探究,解决问题

为幼儿提供自主探究的活动时间与活动空间,也是良好探究式教学中的中心与重点。为实现对幼儿自主探究学习的良好引导,我们可以从改进传统的教学内容、提供适宜的探究材料等多个角度进行。

(1)改进传统的教学内容

为使幼儿能充分认识到数学在实际生活中的应用价值,并让幼儿在生活中、学习中感受到数学的良好氛围,我们应当改进传统的教学内容,在教材选择上多增加一些在实际生活中应用广泛的数学内容,例如物品的价格与数量、时间与钟表、生活用品的体积与面积、旅行线路等。通过让幼儿的实际生活体验能够融入教学环节,以此激发幼儿在发现问题、探索问题和解决问题中的积极性,并通过对实际问题的解决,让幼儿能切实体会到数学学习对周围世界的作用与影响。

例如在"认识人民币"这一课的教学中,教师可在课堂上设置小商店这一情境,并提供各类故事书、玩具、学习用品等作为小商店的商品,然后标注上 1元、2 元、3 元等不同的价格。在教学活动中,通过为幼儿准备 1 元、2 元、5 元的玩具纸币,并让其实际购买,以引导幼儿对加法的学习。如利用"每件商品的价格是多少? 花 5 元钱可以怎么买? 买几种?"这些问题的提出,使幼儿通过实际动手购买操作,发现不同商品在价格上的组合方式,使幼儿在思考、探索中对问题加以解决,提升幼儿对数学学习的探究积极性,并提升幼儿的学习兴趣与自信心。

(2)提供适宜的探究材料

材料是激发和引起幼儿在数学教学活动中探究经历的有效载体。通常幼儿都对周围环境和周围事物都有强烈的好奇心,因此我们可以在数学教学活动中,选择能够引发幼儿兴趣以及能够和教学活动相联系的材料,以便幼儿通过亲自动手触摸、感受,掌握材料的探究过程并以此发现规律。

例如在"学习测量"这一课的教学中,为了让幼儿能够学习和掌握目测和自然测量的方法,并了解不同的测量工具,教师可以在教学中为幼儿提供三角尺、直尺、玩具棒、绳子等材料使幼儿自己选择,并通过这些工具让幼儿为小朋友的身高、门、窗、柜子等高度进行测量。在让幼儿实际动手的过程中,加强幼儿对测量工具、测量方法的了解和掌握。

3.加强教学活动中的交流反思

在幼儿园数学教学活动中,既有教师与孩子之间的交流,也有孩子们之间的交流。教师应当在教学活动中,创设出有利于幼儿交流的情境,提供"数学对话"的机会。通过鼓励幼儿使用口、耳、眼、手来表达自己的思想和接受别人的思想,以此不仅能加深幼儿对数学问题的理解,丰富幼儿的活动经验,而且能使幼儿通过交流认识到自己所经历的学习过程与步骤,加强幼儿的主体意识,并提高其学习的积极性与自觉性。

总结

通过对幼儿园大班数学探究式教学的优化与创新,不仅将数学概念与生活实际相连,而且也将数学知识的学习过程与应用过程紧密结合,通过多种途径在教育活动、游戏活动、日常生活中引导幼儿学习、运用数学,培养幼儿使用数学进行交流和解决问题的能力,真正实现了从"重教"到"重学",再到"重用"的改变。

参考文献

1.林晓峰.谈引导幼儿主动学习数学的有效策略[J].湖北成人教育学院学报,2009(3).

2.庞丽娟.教师与儿童发展[M].北京:北京师范大学出版社,2005.

3.中华人民共和国教育部.幼儿园教育指导纲要(试行)[M].北京:北京师范大学出版社,2001.

(本文荣获河东区教育学会第十五届学术年会三等奖,2013年刊登在省级期刊《才智》上;2015年经天津市教育学会学术委员会审定,被认定为天津市基础教育教学成果)

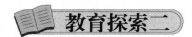

以五大道中的小洋楼为主题的多种形式
创意剪纸的尝试与探索

宁 宇

[摘 要] 我国著名儿童教育家陈鹤琴先生说过:"小孩子应有剪纸的机会。"他认为剪纸有两方面的好处:"一是可以养成独自消遣的好习惯,二是可以练习手筋。"也就是说,剪纸可以使孩子安静下来,专心致志地干一件事;还可以使他们练出一双灵巧的手,这是因为手部肌肉群的训练有利于大脑的开发。教育家霍姆林斯基曾说过:"儿童的智慧在他的手指尖上。"的确,动手动脑有利于开发幼儿的智力,有利于激发幼儿的创造性。班级以五大道中的小洋楼为主题进行创意剪纸的尝试。因为小洋楼被孩子们熟知,以生活经验为基础,给孩子一个体验创新思维乐趣的良好载体——小洋楼。活动中通过层层引导、提升,激活孩子的创新思维,引导他们在看看、想想、说说、做做等多感官参与的情况下,充分体验和感受创新思维活动的乐趣。在幼儿时期开展剪纸活动,有利于促进幼儿各方面的发展。

[关键词]幼儿 创意剪纸活动 教育策略

一、问题的提出

剪纸活动是一种较为综合的智力趣味活动,剪纸除了本身具有很高的艺术性外,还是较好地促进幼儿体、智、德、美、劳全面发展的美术教育手段之

一。在科技飞速发展的今天,在不断接受各种优秀文化的同时,让幼儿学习剪纸这一历史悠久的民间艺术,有助加强幼儿爱国主义教育,弘扬民族的艺术,振兴民族的精神。因此,我们开展了剪纸活动。通过一年的实践,我们总结了一些经验。

二、剪纸活动的教育策略

(一)创造良好的剪纸环境

剪纸是一种民间艺术,现代的孩子平时接触剪纸的机会不多,所以作为老师首先就要给孩子创设一个良好的剪纸环境,使幼儿能够更好地在活动中得到充分的发展。比如在主题活动中,鼓励幼儿走进五大道,去游览和观察五大道中的建筑,发现各式各样的小洋楼,以及它们不同的风格,在教室里布置一幅幅各式各样的小洋楼的剪纸画,在墙上挂幼儿自己动手做的立体小洋楼作品。平时,经常带领幼儿观看一些我国著名剪纸艺人的作品,开展一些剪纸欣赏的活动,感受剪纸艺术的魅力。

1.物质环境是培养创造力的基础

在幼儿剪纸时,教师除了提供剪刀、手工纸外,还要为幼儿准备充足的辅助材料,如:宣纸、颜料、助染剂、胶水、毛笔等,通过适当的辅助材料的提供,激发幼儿的创造兴趣,丰富主题情节,并引导幼儿剪出最高水平。如:幼儿根据需要选择适宜作品的图案,经精心折叠后巧妙地利用原来的图案色彩,将它剪成一幅幅生动有趣、图案别致的剪纸作品,进而又开展了幼儿自己动手染纸,根据自己剪的作品,按自己的意愿选择颜料进行染纸。通过对图案设计、色彩配置和对这种技法的掌握,激发幼儿的创造意识和审美情趣。

2.精神环境则为幼儿营造一种轻松、自由,且利于交流的氛围

在平时指导幼儿剪纸中, 我常鼓励幼儿毫无拘束地表现自己的内心情感,重视每个幼儿的个性及艺术创作,并及时给予赞扬。如:"你剪的这个小洋楼真好看,你能举起来让大家欣赏一下吗?""这个房顶的花纹是你设计的吗?

你真了不起！"每个幼儿得到被认可的快乐,能够使他们在获得经验的同时,逐步形成良好的意识,由此更加喜欢剪纸活动,更富有创造的勇气。

(二)激发幼儿的剪纸兴趣

要想使幼儿的剪纸技巧获得发展,重要的是激发其兴趣。"兴趣是最好的老师。"如果幼儿对剪纸有了浓厚的兴趣,他们就会主动运月感官去看、去听、去动脑想、动手做,积极探索,这样就能促进其剪纸潜能得到很好的发展。兴趣要从生活入手,在剪纸教学中,我并没有采取强制性的教育方法来约束幼儿、训练幼儿。因为这样做不仅不会激发幼儿的兴趣、发展幼儿的创造性思维,相反会使幼儿感到压抑、厌倦和畏惧。所以,我根据幼儿的生理、心理特点,采取不同的有趣方式来培养幼儿的剪纸兴趣。让幼儿高高兴兴地投入剪纸活动,从而激发幼儿创造的欲望。例如:在一次剪漂亮的小洋楼的教学中,首先,我收集了各种形状的小洋楼图片和视频,在班级中设计了五大道一条街,有意识地引导幼儿仔细地去观察小洋楼,增加幼儿的感性认识。其次,我又在幼儿面前像变魔术似的,把一张张纸剪成一个个形状各异、花纹不同的小洋楼,进一步给予幼儿足够的刺激,以激发幼儿也想剪小洋楼的欲望。在幼儿剪小洋楼的过程中,我不过多地干预他们,而是让他们凭借自己已有的感性知识,通过一次次地实践操作,通过他们自己的思考来剪。当一栋栋富有想象力的小洋楼作品被展示在教室、走廊的墙面上时,幼儿得到了被肯定的快乐,从而提高了幼儿对剪纸的兴趣。

(三)在活动中,根据幼儿实际水平,遵循从易到难、循序渐进的原则

第一阶段:和小洋楼交朋友

教师和孩子们一起搜集各种小洋楼的图片,通过观察小洋楼的主要特征,帮助幼儿进行创作。我们班的呦呦小朋友说:"我喜欢五六道中的小洋楼,它的房顶各式各样的,非常漂亮。"丹丹小朋友说:"老师,我喜欢红色的小洋楼,它有很多窗户,窗户的形状也都不一样。"诺诺小朋友说:"老师,我喜欢小洋楼,晚上小洋楼上有很多漂亮的灯。"帮助每一位幼儿明确小洋楼的主要特征,为幼儿的创作奠定了良好的基础。在这一系列活动中,孩子们都体验到了进行创作的乐趣,大多数孩子的作品能够有自己的创新之处,幼儿能大胆、合

理地运用各种线条、形状。通过这一系列主题活动的开展,孩子们从小就有了保护环境、爱护文化建筑的意识,可以说孩子们还是较好地达到了我们预定的活动目标。

第二阶段:画一画,剪一剪

经过了第一阶段对各种小洋楼的外形特点的了解,孩子们开始对画小洋楼的外轮廓、剪小洋楼有了浓厚的兴趣。在周末等很多时间,孩子们都会去观察小洋楼。我们会根据主题教学内容,设计幼儿感兴趣的活动。一次活动中,菲菲小朋友说:"我看到有个小洋楼的房顶是三角形的形状,我要剪出一座尖顶的小洋楼。"王冠霖小朋友说:"我看到的小洋楼的房顶是半圆形的,我想用镂空的方法剪小洋楼。"崔佳彤小朋友说:"我要用波浪线画出小洋楼的房顶花纹,用粗粗的直线画墙面,剪出我自己喜欢的小洋楼。"孩子们在画画、剪剪中,把各种图形与生活中的具体事物结合起来,使幼儿感到有趣并易于理解接受。然后引导幼儿开始有目的地剪小洋楼,创造出简单的造型,来组成一幅幅完整的剪纸作品,在培养孩子们剪纸技能的同时,创造力也在慢慢地发展。在教学中,我们注重引导幼儿通过积极参与感受,发现剪纸作品中的形式美和内容美,把主题活动融进剪纸活动中。同时,我们还会将剪纸与绘画粘贴相结合,丰富作品。由于技能的限制,幼儿的剪纸作品不能准确地表现物体,老师会指导幼儿用笔画出。有些面积大的物体,教师也会指导幼儿剪装饰图形或把图案贴上,使作品更丰富、美观。

第三阶段:对称剪小洋楼

经过了画一画,剪一剪,孩子们对小洋楼有了进一步的了解。在随意剪的基础上,我们在美工区投放了对称剪小洋楼的拓板。孩子们可感兴趣了,可开始时,个别幼儿还不能准确地使用拓板,直边对着开口边,直边也拓画出了线,以至于把小洋楼剪两半了。我们一起找原因,经过练习,孩子们逐渐掌握了对称折剪小洋楼的方法。由开始的依赖拓板剪小洋楼,发展到摆脱拓板先画出各种小洋楼造型的一半,再对称剪。一次区域活动时,我发现美工区的轩轩小朋友对称剪好小洋楼后,在小洋楼上添画上了好看的窗户,我提示他可以用镂空的方法剪出窗户。他聪明地点点头:"我试试。"然后开始了第一次的尝试。在点评时,聪明的孩子举一反三,芯语小朋友说:"小洋楼还有各式各样的门,还可以用镂空的方法剪出门。"竹子小朋友说:"还可以用镂空的方法剪墙上的花纹。"妞妞小朋友说:"我知道好多种花纹,我都想试一试。"在你一言、我一语中,孩子们创造性的思维活跃了起来。在接下来的剪纸活动中,孩子们按照自己的想法进行了大胆的尝试,在对称和镂空相结合的剪法中孩子们体验到了成功,感受到了对称的美。

第四阶段:小洋楼排排站

通过对称折剪,孩子们不仅感受到日常生活中存在着对称美,还发展了空间知觉,尝试了简单的镂空创意剪大树小洋楼,体验了创造的乐趣。接下来,我们开始了新一阶段的剪纸游戏:"连续剪小洋楼,小洋楼也可以排成一排啊!""对呀!"这正好开始了我们连续剪小洋楼的新尝试。万事开头难,开始时我们仍然提供了拓板,投放下去问题出现了:孩子们剪的小洋楼都是单独的,没有连起来;有的孩子虽然把小洋楼连了起来,但却是上下连着的,而非左右相连。分析原因:小洋楼与小洋楼连接的地方孩子按拓板拓画出了线,并且剪开了;上下连着的是因为对折时出现了错误,不是连续对折的。我们调整材料,把拓板需要拓画的线用红色描了出来,孩子们按照红线拓画,就剪出了排排站的小洋楼。孩子们在拓画的过程中找到了连续的诀窍:小洋楼与小洋楼间要有连接的地方。在接下来的反复练习中,孩子们不再局限于拓板拓画出的小洋楼,而是自己设计不同造型的小洋楼,剪的时候注意连接的地方不剪断,这样一排排的小洋楼就呈现在大家的面前。我们把孩子们剪的排排站的小洋楼连在一起,聪明的乐乐小朋友说:"如果剪小洋楼的长方形纸条能再长一点,多对折几次,我们就可以剪出更多的小洋楼连起来,这样就能剪出一条街啦!"孩子们创作的热情再一次地迸发。

第五阶段:立体小洋楼

当孩子们经过一系列的练习后,开始有了新的创意。我们根据孩子们的这些新创意,先后在美工区投放了不同风格的立体小洋楼,如:法国尖顶小洋楼、日式圆顶小洋楼、德国方形小洋楼等;孩子们在区角活动中大胆地尝试。记得琦琦那天在美工区剪出了一个大大的小洋楼,他突发奇想,问:"美丽的五大道有很多小洋楼,它们都是立起来的,我怎么才能让它站起来呢?"我借此契机向幼儿展示了多层叠剪的方法,引导幼儿关注立体剪纸,鼓励幼儿自己动手,用剪纸小洋楼摆出一条五大道的风情街。这样就拓宽了孩子对立体剪纸小洋楼的思路。我们以此为契机,请孩子们大胆想象,就有了小洋楼一排排、小洋楼一列列、小洋楼从大到小排、从小到大排、错落排等等大胆的创意,由此提高了孩子们对空间的感知能力。

俗话说:"熟能生巧,巧能生精。"看到孩子们一幅幅充满创意的作品,我们不禁发出这样的感叹:"孩子们的创造潜能是无限的,只要给孩子们自由创意的时间和空间,相信孩子们会给你巨大的惊喜!"

总之,材料对于剪纸活动来说,具有举足轻重的作用,它发挥着不可替代的独特作用和影响,对于幼儿来说,适宜的材料是激发幼儿剪纸愿望,使其感受剪纸活动乐趣、体验剪纸活动成功的一个关键性要素,因此,在美工区,我们将材料的选择和投放作为研究实践的起点,首先,从兴趣的角度出发,在纸张的投放上,我们考虑的是色彩的美观性,要从视觉上一下子能吸引幼儿的关注,激发幼儿活动兴趣,为此,我们投放的多是色彩鲜艳的手工纸、富于颜色深浅变化的卡纸,剪纸主题和粘贴背景反差较大的薄纸、展示作品的硬卡纸等。其次,在作品展示的形式上,我们注重美观、变化、整合,力求幼儿作品的展示形式丰富多样,各具特色,体现不同的制作风格,同时丰富材料,让孩子们在活动中能自由、自主地进行组合、探究、感知,充分发挥幼儿的想象,展现自己的作品,经过一学期的教育与培养,我们紧紧抓住剪纸小洋楼这个活动,在蕴含无限发展空间的创意设计、剪纸活动中,让幼儿充分感受成功和喜悦,感受到自我价值的实现。孩子们现在非常喜欢剪纸,在区域活动时,美工区是孩子们最喜欢的地方;活动结束时,美工区是孩子们不舍得离开的地方,大家沉浸在创意剪纸的快乐中。现在我们的孩子们剪纸能力和水平有了很大提高,他们不仅学会了多种剪纸的技法,而且变得更加自信,更加具有自己的想法,在活动中能大胆地去折、去剪,把自己的想法变为现实,一张张普通的彩纸在孩子们的巧手中,演变成了一幅幅多姿多彩的绚丽画卷,剪纸活动为孩子们的快乐成长搭建了平台,为孩子们的想象插上了翅膀,让孩子们享受着无限的快乐,让孩子们的自信得以充分培养。

　　以上所述,是我这一年在研究剪纸活动方面的一些经验,今后我会继续研究下去,使幼儿在剪纸方面有更大的提高。

　　参考文献

　　1.高谦民.《陈鹤琴的儿童教育观》《学前教育研究》[J].2002.

　　2.韩秀云.《剪纸活动为幼儿带来快乐,促进幼儿发展》[J].中国教师网.2004.

　　(本文获天津市河东区教育学会第十七届学术年会论文二等奖)

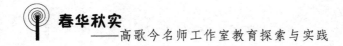

教育探索三

小班幼儿阅读习惯培养初探

李冬媛

[摘　要]让小班幼儿在环境的潜移默化影响中,在选择适宜图书、开展丰富的阅读活动及家园共育中逐渐培养小班幼儿良好的阅读习惯。

[关键词]阅读　绘本　习惯　家园合作

阅读是从文字符号中获取意义、信息的心理过程,是搜集处理信息、认识世界、发展思维、获得审美体验的重要途径,是人类精神生活的根本需要。阅读不仅能使孩子获得知识、提高认识、发展思维、陶冶情操,还能提高审美情趣。但是如果没有养成良好的阅读习惯,阅读就会失去效率和意义。培根曾说过:"习惯是人生的主宰。"一个良好的习惯不仅能让孩子喜欢上阅读、懂得阅读,而且能在阅读中获得最大、最多、最好的发展。《3-6岁儿童学习与发展指南》中指出:"小班幼儿应具备初步理解文学作品主要内容,学习用语言、动作、表情等方式表达自己对文学作品的理解。"如何培养小班幼儿的良好阅读习惯呢?下面我就谈一谈我在教学实践中总结的几点培养幼儿良好阅读习惯的方法:

一、环境对小班幼儿阅读习惯培养的作用

好的环境创设是开展阅读活动和培养小班幼儿语言能力的重要前提。我们班充分考虑了各方面的因素,充分利用楼道、墙面等空间为幼儿创设一个充满童趣的阅读氛围。我们在楼道的墙饰中设立了立体的阅读墙,如"小蝌蚪找妈妈""小兔乖乖"等,将故事内容和主要情节展现在幼儿经常经过的地方,让幼儿在每天经过的时候都会对故事进行回忆、讲述和创编。此外,我们将班内的主题墙内容和阅读区的新书推荐的内容相结合,一方面引发幼儿的兴趣对老师推荐的内容进行阅读;另一方面帮助幼儿提升经验,在主题活动的进行中帮助幼儿理解故事和画面内容。如我们班在主题墙的背景和题材上都选择了《我妈妈》这本绘本,形象的故事人物和主要情节的展现激发了幼儿的阅读兴趣。我们在布置环境时大量采用了幼儿的作品与信息,让幼儿通过自己作品在绘本中所起到的独特作用来让幼儿成为环境的主人,以此激发幼儿阅读的原动力。

除了楼道环境外,班级内的小阅读环境的创设也十分重要。我们认真研究创设适合本班孩子特点的小环境,形成独特的班级阅读文化。具体而言,我们在班级内创设"绘本馆",精心挑选一些经典绘本,方便孩子进行阅读;另外,教师时刻关注幼儿对绘本的阅读情况,定期将新书推荐的内容进行更换,并结合节日、主题活动等投放适合幼儿阅读的图书。我们两周更换一本,并帮助幼儿在理解故事内容的基础上,鼓励幼儿自主阅读。

在选择图书上我们根据小班幼儿的认知发展水平,选择了一些既有知识性、又有趣味性、可读性的、适合他们阅读的一些图文并茂的图书。小班幼儿喜欢有关家庭主题的简单图画和故事书,这些图书的颜色和形状容易吸引孩子的注意。小班幼儿最容易被拟人化的动物、夸张的人物吸引,人物的夸张,使幼儿更容易理解图书中的故事。

在阅读区的墙饰上我们有效地将新书推荐和排图讲述相结合,一方面激发幼儿对于阅读的兴趣和欲望,在可操作的墙饰中幼儿又一次对故事中的主要情节进行了回顾;另一方面也培养了幼儿对故事前后情节的排序和讲述,

为幼儿良好的阅读习惯奠定了基础。

为了激发幼儿的阅读兴趣，我们为小班幼儿创设了一个阅读书籍的良好的环境。这些都是培养幼儿阅读兴趣和阅读能力不可缺少的条件。首先，在光线充足的位置设立幼儿阅读专区，地上铺上一些漂亮的泡沫地板，使孩子们能自由地取放图书。第二，阅读的图书要充足，保证幼儿有书可读，过一段时间要有新的图书补进来。

《幼儿园教育指导纲要（试行）》中特别提出要为幼儿创设能满足他们多方面发展需要的环境。因此，我积极挖掘环境的影响作用，为开展阅读活动做好铺垫。为了丰富阅读形式，除了直接拿书阅读外，我还准备了许多动物挂件，孩子们可以自由表演自己熟悉的故事。在阅读区的墙面上，我还将一些小故事或儿歌的内容以图片的形式进行展示，孩子们可以"看一看，玩一玩，说一说"。例如结合《下雨的时候》，我分别画出小猫、小狗、小兔的图片，当孩子们参与活动时，可以将图书拿下来进行讲述，幼儿熟悉了故事的内容，还锻炼了看单幅图片讲述故事的能力。孩子们在玩的过程中享受着阅读的快乐。

孩子对新鲜事物总是充满好奇，但一旦过了那个"新鲜度"，孩子的兴趣会衰减，所以有的图书孩子们看过几遍后，兴趣有所减弱，"我看过了。""我不要看了。"孩子们把书拿起后放下，不再去细细阅读。于是我把图书中的人物做成头饰或挂件，并以故事人物参与其中，鼓励孩子们进行角色对话。例如参考故事《小猫钓鱼》，我做了小猫、猫妈妈、蝴蝶、蜻蜓头饰，孩子们可以自由地展现故事情节，发展故事内容。我还准备了渔具、小鱼等辅助材料，更加提升了活动的情趣。活动形式的改变，能让孩子们重燃对阅读活动的热情。

二、正确地选择、利用绘本发展幼儿阅读能力

绘本是用色彩鲜艳、形象夸张的图画与少量简易的文字交织的形式叙述一个故事，表达特定情感、主题的幼儿读本。由于绘本按照不同阶段幼儿的年龄、心理特点和需要发展的特点进行创作，因而越来越受到教师和家长的重视。用好绘本开展早期阅读活动，有利于培养幼儿的阅读兴趣和良好的阅读

习惯,丰富幼儿的情感和阅读经验,为幼儿的终身学习打下良好的基础。

作为教师,对于绘本的使用应更具科学性,教师在阅读教学活动中选择绘本时应针对不同年龄段幼儿的身心特点和认知差异进行选择,应关注幼儿对绘本内容的兴趣和认知需要,并在使用绘本时创造性地进行"加工"。比如:在绘本《蚂蚁和西瓜》的选择上,我就在之前的活动中大量地为幼儿铺垫蚂蚁的生活经验,还进行了蚂蚁搬豆的体育游戏,意在让幼儿更多地了解蚂蚁的生活习性,为绘本阅读做了充分的准备。在选择绘本《我妈妈》时,一方面结合我们的节日教育,培养幼儿对妈妈的爱,另一方面也考虑到了绘本中妈妈的形象鲜明,贴合幼儿的生活,文字较少,适于小班幼儿的语言发展习惯需要。

针对幼儿不同个性,选择贴近幼儿生活经验内容的绘本故事。以《幼儿园教育指导纲要(试行)》精神为指导,遵循不同年龄段幼儿的身心特点和认识规律,以充分尊重幼儿的兴趣爱好、满足幼儿发展需要为原则选择合适的绘本,以幼儿乐于阅读的方式开展早期阅读活动,从而最大限度地发挥绘本的教育价值。

小班幼儿面对新奇的世界,好奇的天性促使他们乐于去探索,这时候孩子们的学习兴趣如果开发出来,又养成了一定的语言好习惯,那学习效果可以说是事半功倍。因此,在培养他们阅读的兴趣和习惯的过程中要注意运用各种方法抓住他们的注意力,吸引他们。例如,给孩子讲故事需要老师用丰富夸张的肢体语言、面部表情来引起他们倾听的兴趣,开学后班里有些幼儿的情绪还没有稳定下来,哭闹不止,为了缓解他们的焦虑、不适应,我选择了一些适合小班年龄孩子听的绘本故事,并运用手指偶、布袋偶、动物毛绒玩具,边讲边演示绘本故事里的不同角色的语气、表情、心情,尽可能给孩子留下深刻的印象,幼儿果然被深深吸引,渐渐停止了哭闹。随着时间的推移,我在讲故事的时候又在电脑上出示图片给孩子们欣赏,同时引导他们仔细观察图片上的细节,例如图片上角色的表情、动作,图片的背景、时间,用一个个问题和幼儿一起更深入地了解故事情节发展,吸引幼儿认真倾听,体会阅读的乐趣。

《幼儿园教育指导纲要(试行)》指出:幼儿园应"引导幼儿接触优秀的文学作品,使之感受语言的丰富与优美,并通过多种活动帮助幼儿加深对作品的

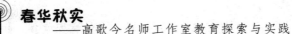

体验和理解"。幼儿出于对未知世界充满好奇,渴求弄明白阅读中感兴趣的事物,极想了解其中的奥秘,但是很多时候他们对读物的理解是粗浅的、不完整的甚至是不合逻辑的。况且他们尚缺乏必要的阅读经验,因而必须开展丰富多彩的阅读活动,让幼儿得到教师的必要指导,他们才能与绘本展开有效互动,从而充分汲取蕴藏在绘本中丰富的"营养"。显然,开展多种形式的早期阅读活动是科学利用绘本的必然途径。

三、开展多种形式的绘本阅读活动,激发幼儿的阅读兴趣,养成幼儿良好的阅读习惯

现代心理学研究认为,在幼儿早期阅读学习中,阅读兴趣、习惯和能力的培养对幼儿学习能力的提高、智力的开发及终身的发展有着重要的作用。

早期阅读图书是小班幼儿学习的途径之一。我根据本班实际情况,尝试对小班幼儿开展早期阅读指导方法的探索。在实践中,初步积累起来有关小班年龄段早期阅读中三种较为合理的并具有针对性的指导方法。

1.指导幼儿变倒置书为正置书

手捧图书进行阅读,在成人看来再简单不过了:拿到书放正,然后阅读。但小班幼儿拿书的方法却不是这样的。在图书区中,我连续发现几位小朋友都是把书倒拿着阅读的。细细观察,孩子们还看得津津有味,摇头晃脑。为什么会出现这样的现象?我开始寻找原因和解决问题的方法。在较长的时间里,我采用和他们一起看书的方法,目的是通过示范引导,培养其正确的拿书方式。但他们自己阅读时,还经常把书倒置。

经过探索,我改变了指导方法:将一张大大的人像图片倒挂在教室里,让孩子们自己去发现、去观察。结果,大部分孩子都发现图片的方位有错误,七嘴八舌地说:"图片挂倒了。"我故意奇怪地问:"倒了吗?你们怎么知道倒了呢?""头碰在地上,就是摔跤了。"于是,我就请经常倒拿书的小朋友帮老师的忙,放正图片,并说图片上的人和小朋友脸对脸,脚对脚,看起来舒服多了。

另外,我故意在"图书区"墙上粘贴倒放的图片,让孩子们去发现。一段时间后,倒拿图书的孩子明显减少了。我在图书区的墙面上贴出了一些幼儿正确的阅读和看书的方法,在一定情况下给幼儿暗示和提醒。幼儿的阅读习惯有了很大的进步。

2.指导幼儿变无序看书为有序看书

阅读图书,正确的方法是由前往后翻书,但小班幼儿并非如此。在阅读活动中,我发现有的孩子看书的方法是从后往前看,有的孩子从中间看起,也有的孩子是任意前翻后翻,无序地看书。我问:"你看什么呀?"孩子指着最熟悉的或最喜欢的某一页,用简单的句子告诉我:"小鸟。""小狗。""红红的苹果。"我从孩子的回答中悟出,小班幼儿还不知道事物的前因后果,对故事还不了解。因此,老师要以孩子为本,创设适合孩子阅读的条件。首先,选择的读物要形象鲜明,画面上的角色以 1~2 个为佳;无需有背景图,图书的页码也要少之再少。于是,我自己创编主题图书,从三页逐渐增加到五页。我指导幼儿看书,先看封面,封面上是有字的。我还在书的封面上贴上红点等作为标记,并告诉孩子。久而久之,孩子们看书要先看书的封面,然后再往后看的习惯就养成了。孩子拿到书,看过封面,很容易就翻到第一页、第二页、第三页……在图书的帮助下,幼儿看一页翻一页的习惯也逐渐养成了。

3.指导幼儿翻书从五指抓翻变为两指捻翻

孩子们翻书的方法各不相同:有的孩子是两手一起翻书;有的孩子是沾一次唾液,翻一页;也有的孩子是五指抓翻或等别人来帮忙等等。为了培养孩子们正确的翻书习惯,我设计了许多锻炼孩子小肌肉的游戏,让孩子在玩的过程中灵活地使用手指。我们设计了游戏活动"翻书找一找",把画有小动物的图片装订成书,然后让孩子们在听到信号后,用大拇指和食指翻书寻找。这一系列的活动,让幼儿愉快地得到了应有的锻炼,不正确的翻书方法得到了纠正。

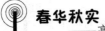
四、开展亲子阅读活动，在家园共育中培养幼儿的良好阅读习惯

在阅读中，我们充分发挥家园共育在教育中的作用，在每日的亲子共读的时间里，家长们会根据教师在本周推荐的图书选择适合自己孩子阅读水平和能力的一本图书，和幼儿进行共读，在家长和幼儿的共读过程中，家长让孩子带着疑问来阅读，从而提高孩子的阅读兴趣。通过角色扮演的方法，当孩子已经熟悉了书中的内容，爸爸、妈妈和孩子分别扮演不同的角色来阅读故事书，这样的阅读不仅能让孩子在阅读过程中体会到阅读的乐趣，而且还能培养孩子阅读的良好习惯，提高其注意力。我们还开展了图书分享的活动，孩子们可以将自己和爸爸妈妈读过的图书带到幼儿园来和小朋友们分享，这样能够扩大孩子们的阅读量。通过亲子共读不仅丰富了孩子的词汇量，也扩展了孩子的知识面，为孩子今后独立阅读时理解书中的内容打下了基础。

实践中我们深切体会到，老师在幼儿早期阅读中发现问题越早、越多，反思越深刻，创设活动越接近幼儿的发展需要，对幼儿实际帮助就更大。阅读是一辈子的修行。让孩子坚持阅读，并从小培养良好的阅读习惯，总有一天孩子变得非常优秀。

（本文荣获天津市学前教育优秀论文评选二等奖）

绘本载体下的环境创设新思路

李金丽

[摘　要]《幼儿园教育指导纲要(试行)》中指出："幼儿园应为幼儿提供健康、丰富的生活和活动环境,满足幼儿多方面发展的需要,使幼儿在快乐的童年中获得有益于身心发展的经验。"本着让"环境会说话"的环境创设宗旨,针对如何以绘本为载体使环境发挥最大的功用,满足幼儿的兴趣,本文根据自身的实践进行了阐述。

[关键词]环境创设、绘本、游戏、墙饰、材料

"让环境会说话"一直是我们所倡导的环境创设理念,《幼儿园教育指导纲要(试行)》中也明确指出："环境是重要的教育资源,应通过环境的创设和利用,有效促进幼儿的发展。"环境不仅是孩子学习的内容,也是课程的一部分,是孩子的学习材料,可见,幼儿园环境对幼儿的发展起着至关重要的作用。但在环境创设中我们不难发现,大多数时候我们的环境还保留着传统意义上的几个特点：

首先,需求对象的偏差。这些环境在创设中较少从幼儿的角度出发来考虑,缺乏对幼儿的兴趣点和发展需求的把握,从而使环境受成人化的审美和评价影响。

其次,呈现形式的零散。很多时候教师在环境创设中过于追求某一细节

的完美与突出,忽略了整体环境的协调统一,以及环境中墙饰与材料的融合。

第三,创设内容的盲从。每次的环境创设都应从本班幼儿实际出发,创设适宜年龄和主题特色的环境,有时候一些教师会觉得某些环境创设非常新颖,于是就全盘照搬过来,完全没有考虑这样的环境是否适合自己班本阶段的教学目标,是否能满足幼儿新的兴趣所需。

什么样的环境是幼儿需要的、喜欢的、有价值的呢?随着近几年绘本的不断发展,绘本成了我们日常教学中必不可少的一部分,无论是教育活动还是游戏表演等都融入了绘本元素,那么如何巧妙利用绘本价值来创设环境,使环境更为生动和有效呢?借助园所的专题研究,我进行了相应的绘本载体下环境创设的新尝试,大到主题墙饰、小到一个材料,力图让幼儿在环境中发现、探索、自主习得相关的经验,现将自己的研究总结如下:

一、挖掘绘本元素,找到适宜的连接点,让环境创设更有新意

环境墙饰中的人物、场景以及不同的装饰是其最初呈现的主要方式,那么如何更好地给孩子一种新鲜感和亲近感,从而产生与墙饰互动的兴趣?在每次环境创设之前我们都从孩子喜爱的绘本出发,挖掘其中适宜的元素,创设新的互动可能。

1.绘本中的人物

绘本《好饿的毛毛虫》是一本比较适合小班幼儿的读本,书中毛毛虫胖胖的、爱吃东爱吃西的特点最能够吸引小班幼儿的兴趣,如果利用其中的形象来设计墙饰,并将毛毛虫和蝴蝶的形象夸张化、拟人化,这样不仅能让幼儿喜欢,吸引幼儿的观察兴趣,还能在一定程度上缓解小班幼儿的焦虑情绪,让幼儿在看看和摸摸中喜欢上幼儿园。

2.绘本中的主线

在《小老鼠忙碌的一天》这本绘本中,小老鼠在忙碌的一天中收获了妈妈独有的那份爱与关怀,我将绘本中的时间主线提取出来,和幼儿一起探讨:"你们忙碌的一天都会做些什么,会有哪些收获呢?"从而激励大班幼儿做时

间的小主人,通过墙饰中的"感知时间""做事要守时""做事有条理"以及"做事有计划"几大板块,让幼儿通过与环境的互动,初步学习管理时间,做时间的小主人,从而养成良好的时间观念,为其顺利地升入小学,适应小学的生活做准备。

3.绘本中的符号

《母鸡萝丝去散步》中优美、简洁、流畅的线条给予我们更多审美效果的同时,也让我们感受到其整齐、细密、有序的一面,在中班开学初的环境创设中,我在选取这本绘本场景的基础上,利用不同颜色的纸绳为主体材料来装饰设计环境,让幼儿欣赏线条美与变化的同时,对于刚升入中班的幼儿的浮躁心理也起到了一定的积极暗示作用,引导幼儿更细致的观察,从而帮助幼儿稳定情绪,提高其观察与审美能力。

二、多重互动,满足不同幼儿的情感体验,让环境内涵更为凸显

针对不同阶段的教学目标以及不同层次水平幼儿的表现,我们有目的地将绘本元素趣味性呈现在墙饰中,让幼儿在操作游戏中满足情感和体验,获得不同层次的提高。

1."小手动起来",为小班幼儿自主游戏增添乐趣

在环境墙饰中,我们不仅利用了毛毛虫和蝴蝶形象来增加趣味,而且还增加了幼儿与墙饰互动的环节,墙饰中三条毛毛虫每一条都是爱吃、能吃的,老师用不织布做了许多形象的、软软的食物放在了墙饰的篮子中,毛毛虫身上也分别有按扣、粘扣和透明塑料膜,在操作中能够满足不同能力水平的幼儿来体验,小朋友平日里可以自己或和家长、老师、同伴来玩一玩,在墙上的篮子中选出不同颜色、不同种类的食物,自己动手尝试喂毛毛虫,从中练习分类、点数、配对和手眼协调能力。

2."拼图大比拼",让中班幼儿进餐速度更为适宜

针对我班幼儿进餐问题,我设计了"餐后拼拼乐"的常规墙饰,利用班级幼儿熟悉喜爱的绘本中的封面或故事画页,制作了五组拼图,每组拼图为六

块,正好是五组幼儿每组六名小朋友的数量,每组第一名进餐结束后的幼儿选择墙上的一组拼图,先拼上其中的一块,剩下的五块由组内其他人完成,各小组依次进行,哪组最先拼全六块就算胜利,此墙饰的设计目的就在于鼓励幼儿在规定时间内完成进餐,养成良好的进餐习惯,而且能够进一步熟悉和感知绘本,增强到图书区阅读的兴趣。

3."智力大迷宫",帮助大班幼儿感知时间

在《小老鼠忙碌的一天》中,时间在一点点过去,我将幼儿自己一天的不同生活场景和活动用照片的形式记录下来,张贴在迷宫主题墙饰中的不同角落,并在每一张照片旁边放置一个可以活动指针的钟表,让幼儿能够将时间和相关的事件联系起来,在动手操作时钟中感知时间,知道时间的不同表达形式,并根据时间的先后顺序玩走迷宫的游戏,感知时间的连续性。

三、绘本延展,支持幼儿不同的表达,让环境功能更为持久

在今年小班的环境创设中,我不仅将绘本和主题墙饰有效结合,还将绘本的价值进行延展,在区域背景墙饰以及游戏材料投放中得以体现,从而达到绘本与环境的相互融合与统一。

(一)区域背景墙饰中与绘本人物的互动性

为了与班级主题墙饰的创设交相辉映,相互融合,达到整体环境的和谐统一,我们在不同的区域有针对性地呈现墙饰,发挥其有效性。

1.美工区的创设

美工区以毛毛虫为主题背景设置情境,在背景墙饰中的在草地上有一只正在散步的毛毛虫,毛毛虫的身体为多张可以随时增减和取放的大幅水粉纸,幼儿可以用不同的方式来装扮毛毛虫的每一节身体,包括:蔬菜、海绵等印章画、滚轴画、刷画、报纸、车轮印画等,从而鼓励幼儿大胆涂鸦,感受玩色的快乐以及色彩的奇妙变化,为后期幼儿美术创作打基础。

2.娃娃家的创设

娃娃家门帘用不织布做成类似纸环连接的长条形状,为了更富于童趣,

我将每条帘子上的不同部位都做一个小的毛毛虫头饰,远远看去,就像许多小毛毛虫在一起排队做游戏,小朋友也可以自己动手操作,在数数、粘贴中接出不同长度的毛毛虫身体,即练习了点数,感知了不同颜色,又练习了手眼协调能力,体现了在"玩中学"的教育理念。

3.进区标志的设计

在每个区域中,为了让幼儿体验规则,我们都会设置一个控制幼儿游戏人数的标志牌。2020 年的毛毛虫标志牌不仅切合绘本主题,让幼儿在一个一个地接出毛毛虫身体的同时,知道这个区域的人数是不是满了,让其在情境中摆弄操作,在对应中感知规则。

(二)区域材料中对绘本情节的再创性

在制作区域材料时,我将绘本的游戏性提炼出来,设计制作了相应的游戏材料投放到区域中,使得材料不仅与墙饰交相辉映,还能让幼儿在操作中进一步理解绘本,使幼儿的认知水平、动手能力和创造能力等都有所提升。

1.在动手操作中生成游戏情节

在益智区中,我们根据幼儿发展水平投放了"喂毛毛虫""找朋友""神奇的毛毛虫""爱吃水果的毛毛虫""毛毛虫长大了"等游戏材料,幼儿通过不同的操作形式练习各项技能,体验游戏的乐趣。如在按按扣、系纽扣、夹夹子的过程中幼儿可以逐步掌握一些必备的生活技能;在喂毛毛虫的游戏中掌握使用勺子的技巧,提高手腕的控制能力;在改造的拼插玩具"找朋友"拼图游戏中,幼儿不仅能够手眼协调地进行拼插游戏,游戏中根据水果等图案的特征进行拼图配对,还能在其完成任务后自主创编故事情节,生成了新的游戏内容,发展了想象力和语言能力。

2.在创作表现中丰富的游戏情趣

针对幼儿年龄特点,在解读《3-6 岁儿童学习与发展指南》的基础上,在美工区中我提供了多种游戏材料,包括"毛毛虫穿新衣""大嘴巴毛毛虫""小手真能干""粘贴毛毛虫"等,鼓励幼儿大胆尝试简单的创作活动,练习玩色、撕团粘贴活动、玩泥、用剪子等,从而丰富幼儿游戏情趣,提升幼儿创作能力,体验成就感。

可以看出,绘本情境下的环境创设,为幼儿的自主游戏营造了一个氛围,幼儿置身于游戏空间内,与环境进行积极互动,这能够引发幼儿自主游戏的动机及兴趣。

以上便是我在教学中对于绘本载体下环境创设的新尝试,整个过程中让我感到以绘本为载体,环境与游戏情境材料的投放与利用,不仅能让幼儿对绘本内容有更加深入的了解,激发幼儿的阅读兴趣,同时也使其丰富了游戏互动的感性经验,在玩玩乐乐中通过对材料的操作与创造性使用,再现并延展了游戏情节,从而帮助幼儿获得新的游戏经验。也许这其中还有许多经验是不成熟的,还需要在今后努力研究、调整、升华和完善,以便找到更适宜的教育策略来满足幼儿不同阶段的发展需要。

参考文献

1.蔡秀萍.幼儿园探究式环境创设[M].北京师范大学出版社,2013.

2.董旭花.韩冰川.王翠霞.刘霞.小区域　大学问[M].中国轻工业,2013.

3.方素珍.创意玩绘本[M].浙江少年儿童出版社,2015.

4.教育部基础教育司.幼儿园教育指导纲要(试行)解读[M].江苏教育出版社,2002.

5.李季湄,冯晓霞.《3-6岁儿童学习与发展指南》解读[M].人民教育出版社,2013.

(此论文荣获中国学前教育学会2018年年会二等奖、2017年天津市学前教育优秀教育教学论文评比一等奖、2019年天津市基础教育教育教学成果)

读绘本、育品德
——浅谈如何在幼儿德育中发挥绘本的作用

李　南

[摘　要]党的十九大报告提出要"落实立德树人根本任务",《关于深化教育体制机制改革的意见》也强调,在学前教育领域,要健全立德树人系统、实施科学保育教育。习近平同志也曾多次提到德育的重要性,并提出了"扣好人生的第一粒扣子"的富有哲理的教育导向。学前教育作为教育的基础,幼儿期作为人一生中人格品质塑造的重要时期,落实"立德树人"根本任务,对幼儿一生的发展、国家的未来都起着重要作用,而选择一种适用、有效的德育方式和手段尤为关键。经过思考和实践,我认为儿童绘本具有教育性、儿童性、趣味性的特征、优势,不仅符合幼儿的认知特点和学习特点,而且深受幼儿喜爱,是对幼儿进行德育的有效途径之一。在本文中,我初步分析了利用绘本进行幼儿德育教育独有的优势特点,总结了如何选择适合幼儿德育教学的绘本以及在实际教育教学过程中利用绘本进行幼儿德育的形式,希望通过初步的研究和总结,在利用绘本进行幼儿德育教学中取得更好的成效。

[关键词]绘本　　立德树人　　幼儿　　德育

党的十七大报告提出"坚持育人为本,德育为先",党的十八大报告强调要把"立德树人"作为教育的根本任务,在党的十九大报告中,习近平总书记再次强调"要全面贯彻党的教育方针,落实立德树人根本任务,发展素质教育"。从德育的提出,到把"立德树人"作为教育的根本任务,再到"立德树人根本任务"的落实,无不体现着德育在整个教育中的重要地位和党中央对德育工作的重视。学前教育作为基础教育的基础,我们更应该重视幼儿德育工作的重要性,采取有效措施开展德育活动。

一、在学前教育阶段开展德育工作的重要性

马克思主义教育学认为,教育是一种社会现象,是人类特有的活动,教会孩子做人,培养"人"比培养"才"更加重要。随着社会的进步,全球文化多样化、信息化、网络化等,这些对青少年儿童教育都提出了极大挑战。因此,把"立德树人"作为教育的根本任务,是党中央对如何培养人这一教育本质的新认识,是对时代挑战的回应。

2014 年 5 月 4 日,习近平总书记在北京大学的演讲上提出了"扣好人生的第一粒扣子"。这一朴素而又生动的比喻蕴含着丰富的人生哲理和教育思想。幼儿期是塑造人格品质的重要时期,培养幼儿良好的品质是培养人才健全人格的重要组成。因此,幼儿的德育在整个学前教育中占有十分重要的地位,对幼儿一生的发展、国家的未来都起着奠基作用。

二、利用绘本进行幼儿德育的优势特点

学前教育作为教育的基础,选择一种适用、有效的塑造幼儿品格的方法尤为关键。儿童绘本的最大特点是图文并茂,富有教育性和趣味性,符合幼儿的认知特点和学习特点,在题材的选择、故事的结构、语言等方面充分考虑到儿童的阅读能力,能与儿童进行积极、有意义的互动,极具儿童性。因此,利用绘本对幼儿进行德育有着独有的优势,绘本阅读活动是对幼儿进行德育的有效途径之一。

(一)儿童绘本中的构图一般都很巧妙,人物造型生动、色彩鲜艳优美,能

够极大地吸引幼儿的注意力。比如绘本《我妈妈》中的妈妈,身穿睡袍、脚蹬拖鞋,这样家居式的打扮,对孩子们来说极具亲切感。妈妈的睡袍像是一座花园,上面有鲜艳的花朵、红红的爱心,而且爱心多次出现,贯穿整个绘本,蕴含着孩子对妈妈满满的爱意。绘本中还将天使与狮子、猫咪与犀牛等有着强烈对比的形象进行了对比,充分刺激着阅读者的视觉感官。绘本中还有妈妈美丽得像蝴蝶、柔软得像沙发等富有想象力的比喻,这也让幼儿沉浸其中,浮想联翩,充分感受到那份对妈妈的深深的崇敬之情。

(二)绘本中很多故事情节都源于幼儿生活,不仅能唤醒幼儿的经验,还能引起幼儿的情感共鸣。比如《爷爷一定有办法》,故事讲述的是爷爷不断为约瑟改造旧毯子的过程。在这个过程中,约瑟与爷爷之间的感情逐渐加深,这也表现出约瑟对爷爷的爱的珍惜。生活中,我们小朋友也可能会有这样的一个毯子,或者爷爷、奶奶为自己做的其他东西,通过对故事的学习,也能唤醒孩子们对自己的亲人爱的情感。

(三)绘本故事的主题比较明确突出,内容浅显易懂,都蕴含着一定的道理,容易让幼儿理解、接受。比如"可爱的鼠小弟"系列绘本中,《打破杯子的鼠小弟》《鼠小弟和大象哥哥》《想吃苹果的鼠小弟》,简单的人物形象、重复的语言、对话,都在突出故事的主题,比如"儿童与自律""认识自己""合作与分享"等。

(四)利用绘本进行幼儿德育教学,减少了说教性、强迫性,让幼儿在轻松愉快的阅读过程中,通过一个个的故事来领悟其中的对错、道理。绘本有了如此的特点,因此总是受到孩子们的欢迎和喜爱。有了兴趣,教师再利用绘本对幼儿进行品德教育,幼儿就更加容易接受,而且教育的效果更加突出、更加深刻。

三、选择适合进行幼儿德育教学的绘本

当前,幼儿绘本图书种类繁多、琳琅满目。面对各种各样的低幼绘本,我们怎样才能选择出适合的绘本,在幼儿德育教学中发挥出积极的作用呢?我认为可以从以下两个方面考虑:

(一)根据幼儿德育内容选择相应的绘本

《关于深化教育体制机制改革的意见》强调:在学前教育领域,要健全立德树人系统、实施科学保育教育。因此,要开展好幼儿德育工作,首先就要对幼儿德育的目标和内容做到心中有数,形成体系,避免"杂乱、盲目"现象。《3—6岁儿童学习与发展指南》提出:"幼儿社会领域的学习与发展过程是其社会性不断完善于奠定健全人格基础的过程。人际交往和社会适应是幼儿社会学习的主要内容。"在幼儿的人际交往方面和社会适应方面也有具体目标和内容,归纳起来主要包括交往、合作、分享、自信、自主、勇敢、坚强、亲情、友情、规则、习惯、文明行为、爱集体、爱家乡、爱祖国等方面的内容。

这些内容,我们都可以从绘本中挖掘出来。因为,绘本蕴含着巨大的德育价值空间,绘本有讲情感的,有讲行为习惯的,讲道德品质的等等,几乎涵盖了儿童生活、成长的方方面面。《迷路的大熊》《我会非常非常小心的》《好大的苹果》《古利和古拉》《最好吃的蛋糕》《彩虹鱼迷路了》等就蕴含着分享、关爱、互助、合作、交往等内容;《忘了说我爱你》《坏习惯》《和甘伯伯去游河》《快睡吧,小田鼠》等涵盖了规则、习惯、文明行为等方面的内容;《乌龟阿慢的宝贝》《我不会害怕》《告诉自己,我能行》等故事则涵盖了勇敢、坚强、自信等内容;《像爸爸一样》《像妈妈一样》《爷爷变成了幽灵》《袋鼠宝宝小羊羔》《逃家小兔》《南瓜汤》《好朋友》《你愿意做我的朋友吗?》涵盖了亲情、友情等内容。在选择优秀的绘本基础上,只要在阅读和教学过程中我们正确地引导,就能让幼儿在潜移默化中受到教育,促进幼儿身心健康地发展。

(二)选择的绘本要符合幼儿认知特点和道德认知水平

不同年龄段的幼儿认知特点和道德认知水平有所不同。因此,在选择绘本时,还需要考虑幼儿的年龄特点和认知水平。市场上的绘本种类繁多,但并不是所有的绘本都适合幼儿阅读,同一本优秀的绘本也不是适合所有年龄的幼儿。

小班幼儿身心发育尚不完善,知识经验有限,阅读中的认知水平尤其是联想、推理水平较低且注意力不稳定,他们喜欢色彩鲜艳、形象逼真、有重复语言、重复情节、内容熟悉的图书。而且小班幼儿受道德认知水平、思维方式的限制,所以在选择绘本上要以较为直观的画面与人物形象为主。比如,绘本《想吃苹果的鼠小弟》画面简洁,鼠小弟形象动作夸张诙谐,语言简单重复,小班幼儿能够很好地在阅读中体会到鼠小弟的坚持不懈的精神以及合作的重要。

中大班幼儿随着年龄的增长,经验在不断丰富,思维能力和理解能力也在不断提高,因此在选择中大班幼儿德育教学绘本上,选择可以更加丰富、更加多元化,以满足幼儿各方面的需求。比如《是蜗牛开始的》,是一个关于情绪自我肯定和人际关系的故事,可以让中班幼儿在阅读中学会不嘲笑别人的弱点,欣赏别人的独特。《我的幸运一天》故事生动幽默、色彩丰富、动态鲜活,能够给幼儿充分的想象空间,符合大班幼儿初步的推理能力和表达能力,同时能让幼儿懂得通过努力可以将不幸转化为幸运的道理,学会在面对危险和困难时积极地想办法解决。

四、利用绘本开展幼儿德育活动的主要形式

(一)读

读绘本,可以是集体阅读,也可以是亲子共读,还可以幼儿自主阅读。

1.集体阅读。教师根据绘本内容,生动地为幼儿讲述故事,通过教师的问题引领,一步一步带领幼儿领悟绘本故事中蕴含的德育内容。为了让幼儿喜欢绘本、爱读绘本,我们常常利用餐前转换环节每天与幼儿共读一本绘本。我们共读了恐龙温馨故事绘本《你看起来好像很好吃》《我是霸王龙》《你真好》

《永远永远爱你》。在共读《你真好》的时候，班里一个小朋友居然红了眼圈，我相信她是被霸王龙和薄片龙之间的友情感动，在故事中感受到了爱与被爱。我也相信，她以后在与朋友交往的过程中也会是一个温和体贴的孩子。这就是绘本达到的德育目的。

2.亲子共读。家长作为幼儿德育的重要主体之一，利用绘本故事对幼儿开展品德教育有着幼儿园不可替代的作用。因此，亲子共读也不容忽视。每年5月份是幼儿园的亲子共读月，我们通过发出亲子共读倡议、为家长列出共读书单、微信群共享亲子阅读记录、邀请家长助教给孩子们讲绘本等方式，激发家长参与亲子共读的积极性和主动性，指导家长与孩子共读绘本的方式方法，从而达到家园有效共育、促进幼儿德育工作落实的目的。

3.自主阅读。我们在班级投放丰富的绘本图书，幼儿可以根据自己的喜好，选择感兴趣的内容进行自主阅读、学习。教师也可以将集体阅读后的图书投放到图书角，供幼儿继续深入地学习，满足幼儿的个性学习需求。

不管是哪种阅读方式，都需要有一个长期坚持的过程。幼儿德育最重要的是通过潜移默化的方式来影响幼儿，切忌说教和灌输成人的思想。因此，要想通过阅读绘本达到影响幼儿品德的目的就需要我们坚持不懈地与幼儿一起读好的绘本，让幼儿养成自主阅读绘本的良好习惯。

(二)画

即幼儿将绘本阅读的感受体验或者认知以绘画的方式表现出来。绘画在其他领域教学中作为一种辅助的教学手段，不仅能够丰富教学活动的形式，而且能够让幼儿在画一画的方式中有效地加深对学习内容的理解，同时也能进一步提高幼儿的学习兴趣。利用绘本进行幼儿德育教学也同样可以用"画"的方式来深化教学效果。比如在妇女节的时候，我们开展绘本阅读《我妈妈》。孩子们通过阅读绘本中妈妈所变换的不同形象萌发出对妈妈的崇拜之情。如果再辅以绘画，让孩子们画出自己心目中的妈妈，则更能将对故事中妈妈的崇拜之情转移到对自己妈妈的崇拜之情，从而加深对妈妈的情感。

(三)演

即情境表演。绘本的情境表演不仅能丰富阅读的形式，把绘本立体化，而且可以让幼儿进行透彻地阅读,并且在表演中加深对绘本的理解。例如,绘本《借你一把伞》是一个情节、画面都比较简单的故事,但是却充满了爱与温暖,也呈现出"给予别人合适的帮助"的独特内涵。如果让幼儿以表演的形式将自己融于故事之中,就更能加深幼儿对帮助他人,并且提供合适的帮助的体验,也更能将道德认知深化为道德行为了。

总之,利用绘本进行幼儿德育教学,能够让幼儿在潜移默化中将故事里的教育寓意逐渐内化为自身的道德认知,并升华自己的道德情感,影响自己的道德行为,更能有效地提高德育教育的效果,助推"立德树人"根本任务的落实。

参考文献

1.杨丽珠、吴文菊.幼儿社会性发展与教育[M].南京师范大学出版社,2000.9.

2.中华人民共和国教育部.3-6岁儿童学习与发展指南[M].北京:首都师范大学出版社,2012:28.

(本论文获天津市学前教育学会"2019年天津市学前教育教学优秀论文评选"一等奖)

春华秋实
——高歌今名师工作室教育探索与实践

教育探索六

浅谈小班幼儿"尊老""敬老"情感的培养

李 蕊

[摘 要]"老吾老以及人之老,幼吾幼以及人之幼。"尊老爱幼是我们的传统美德,是宝贵的道德精神财富。《幼儿园教育指导纲要(试行)》中社会领域的目标明确指出要"培养幼儿爱父母长辈、老师和同伴,爱集体、爱家乡、爱祖国"的情感,《3-6岁儿童学习与发展指南》也着重提出"4岁学会体谅父母"的"成长阶梯标准"。因此培养幼儿尊老、敬老的情感是塑造其健全人格、"学会做人"的首要素质,对其一生将产生重大影响,具有深远意义。作者从营造爱的氛围,将尊老、敬老的亲情教育渗透于一日生活的各个环节;萌发幼儿爱的情感,在多种体验活动中,感受长辈的辛苦,学会感恩;回报爱的行动,利用家长教育资源促进幼儿尊老、敬老行动的实践这三方面来浅谈小班幼儿尊老、敬老情感的培养。

[关键词]幼儿园 尊老、敬老情感教育

当今家庭,"6+1"式的家庭结构促使家长把所有的爱都倾注在孩子身上,只知付出,不求回报。这种单向的爱,必然导致孩子形成"众人为我"的"以自我为中心"的心理,不懂得回报和感恩,缺乏尊老、敬老情感。因此培养幼儿尊老、敬老的情感是塑造其健全人格、"学会做人"的首要素质,将会对幼儿一生产生重大影响,具有深远意义。

一、营造爱的氛围,将尊老、敬老的亲情教育渗透于一日生活的各环节

　　孩子们享受的爱无处不在,如何才能让他们关注到这些爱?由于小班幼儿以直觉行动性思维为主,那么尊重他们的这一思维特点,将其置身于一个可看、可听、可感的环境中,实践证明,这是幼儿尊老、敬老情感形成与发展行之有效的途径之一。

　　在生活教育中处处挖掘爱——由于现在父母工作忙碌,照顾孩子的任务多数落在了老人们的身上,于是我们抓住入离园的环节,培养孩子对长辈学会使用礼貌用语;抓住和孩子们聊天的机会,请孩子谈一谈爷爷奶奶是怎么照顾自己的,旨在引导他们关注爷爷奶奶的忙碌,在户外活动时,抓住时机引导幼儿去关注天气,让孩子们体会长辈们在炎炎夏日和寒冷冬季去排队接送他们的辛苦。

　　让环境布置处处充满爱——开辟亲情角,将自己和家人的照片布置在亲情树上,让孩子们随时都能感到和亲人们在一起。筛选古代二十四孝故事中能够继续传承和发扬的,以图文并茂的形式呈现,布置成墙饰,制作成活动区玩具。捕捉幼儿日常尊老、敬老的行为,以口头表扬、照片展示等形式,潜移默化地影响幼儿,形成榜样作用。创设娃娃家区,丰富人物角色,体验照顾长辈的情节,将所听所看与实际行动相联系。

　　在教育活动中深深体验爱——侧重感恩主题,收集各种亲情素材,将感受爱与日常教学相联系。例如选择《乌鸦反哺》《羊羔跪乳》等故事开展系列活动,以讲述、演唱、表演、舞蹈、绘画、游戏等形式,体会故事浓浓的亲情。在区域活动中投放能体现孝亲教育的材料,在游戏中学习。利用起床午点环节,每日播放一个幼儿亲自讲述的古代孝亲经典故事,一个发生在孩子身上真实的孝亲小故事,并将故事创编成带有浓郁地方特色的天津快板,易学易懂易模仿,让爱的故事浸润孩子们的生活。

在这样潜移默化的影响下,孩子们渐渐了解了长辈们的辛劳,那一句句"你要慢慢走!""不用第一个来接我。"等感人的话语充分说明了"生活处处皆教育",只要"心中有目标","眼中有孩子",无论置身何种情景,身边的人与事都能成为亲情教育的"元素"。

二、萌发爱的情感,在多种体验活动中,感受长辈的辛苦,学会感恩

根据小班年龄特点,我们将教育重点放在如何去关爱自己的长辈,开展系列主题活动,让幼儿身临其境地去体验作为长辈的辛苦,从而萌发幼儿的感恩情感。

1.依据幼儿的认知特点和喜爱扮演角色游戏,开展体验活动

设计体验活动"保护蛋宝宝",让幼儿亲身体验照顾他人的辛苦。从学做到想做,将幼儿自主体验放在首位,充分保证活动的高度自主性,适时给予幼儿鼓励,提供帮助,确保幼儿亲身尝试。

在这一天中,孩子们仿佛都变了一个人,平日里那些莽撞的宝贝们无论做什么都不忘去保护那颗蛋,甚至有的孩子在这一天中都用小手牢牢地捧着蛋宝宝,睡觉都不忘给蛋宝宝找一个安全的地方。活动结束后,我组织幼儿畅谈"护蛋感受",大家说:"很开心,就是太累啦!""我总得担心,怕它会碎啦!""我都没有好好玩。"听到这些,我及时抛出问题:"你们仅仅是照顾蛋宝宝一天,那爷爷奶奶除了照顾你们,还要为你们洗衣做饭,收拾玩具,他们会有什么感觉呢?"孩子们愣了一下,马上说:"会更累!""他们每天起得可早啦!""我奶奶可累了,腰还总疼。""他给我洗衣服洗得手都皱啦!"听到孩子们这些发自肺腑的话,我因势利导:"我们应该做些什么事来感谢他们呢?"于是倡议的感恩行动开始:"亲亲他们,说声'我爱你'。""给他们唱支歌。""为他们洗洗脚。"就这样把教育目标巧妙地转化为孩子们自觉的孝亲行动,不断支持幼儿将感恩的情感内化为感恩的行为习惯。

2.抓住节日契机,将爷爷奶奶请进幼儿园,开展亲子活动

改变以往的活动形式,让祖孙相依偎,用照片、录像等方法再现爷爷奶奶忙碌的一天,请他们亲自来讲述自己照顾孩子的感受,用那些朴素的话语去感染大家,孩子们听得认真、激动,其间,不时用自己亲昵的动作去表达他们的爱。孩子们在看、说、听、做中学习感恩,践行孝亲,增进隔辈亲情。

三、回报爱的行动,利用家长教育资源促进幼儿尊老、敬老行动的实践

在体验活动和亲子互动的基础上,孩子们感受了长辈的辛苦,萌发了为他们做事情的愿望。

1.开展"我要这样爱他们"实践

坚持每天早上给长辈一个拥抱,说一句爱的话语,"谢谢""辛苦啦"常挂嘴边,为他们做力所能及的事情:捶背端水、整理屋子、洗手帕和袜子,鼓励孩子在幼儿园中照顾好自己,不让爷爷奶奶担心。坚持每周每月进行"我是小孝明星"评比活动,让尊老、敬老成为一种习惯。

2.鼓励家庭充分参与

开展为期三个月的尊老、敬老行为记录活动,请家长用文字、镜头等方法为孩子们记录在家中的孝亲行为,制作幼儿孝亲记录册。开展"亲亲宝贝"照片征集活动,布置成展牌,使幼儿感受浓浓的亲情。征集发生在幼儿身上的孝亲小故事,以图文并茂的形式制作成图书,互相传阅。和幼儿们共同制定具有河东区第一幼儿园特色的新二十四孝标准,人人争当小孝星。

总之,经过一年多的努力,孩子们懂得了感恩,我们经常能从爷爷奶奶口中听到夸赞孩子懂事的话语,能从孩子温情的行动中感受到已将尊老、敬老的种子深深地种在他们心中,未来我们还将继续,利用好幼儿园这一情感教育的重要基地,在孩子幼小的心灵中播下爱的种子,启蒙爱的情感,由家庭延伸到社会,必然会促进幼儿人格健全,促进家庭和睦,促进整个社会更加和谐

春华秋实
——高歌今名师工作室教育探索与实践

美好。

（此文获天津市第八届青年教师学术论坛二等奖、获河东区学术年会论文评选二等奖）

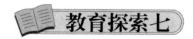

浅析如何促进大班幼儿良好品格形成的创新性研究

张　丽

[摘　要]党的十八大报告指出:"把立德树人作为教育的根本任务,培养德智体美全面发展的社会主义建设者和接班人。"《左传》有云:"大上有立德,其次有立功,其次有立言,虽久不废此之谓不朽。"可见"德"在人的全面发展教育中有着重要而突出的地位。关注幼儿生活与经验,创设多元化的幼儿园课程,在耳濡目染、潜移默化中促进幼儿良好品格的形成。

[关键词]生活教育　　关爱教育　　幼儿　　关爱情感　　良好品格

当今家长更加注重幼儿早期的智力开发和技艺的发展,对幼儿的品德教育关注不够,善良、尊重、友爱、互助等优秀品格本应是优先考虑的幼儿成长与发展目标。家长只知付出不求回报的单向的爱和保护,让孩子从小感到"众星捧月""唯我独尊"。他们把父母对自己的爱当作是理所当然的,对父母长辈、对身边的老师同伴以及周围的人和事表现为漠不关心,情感冷漠。

情景一:一天晚餐时,添添小朋友把自己不爱吃的饭菜扔到别人的碗里,还自然而然地说:"我从不吃这些东西,在家都是我姥姥吃肥肉。"

情景二:萱萱小朋友哭闹着让姥姥顶着35度高温,马上回家取忘在家里的头饰,否则就不依不饶。

这样的现象在幼儿园和生活中经常能看到,家长无原则地放任和过分的宠爱将幼儿包围,让幼儿认为这些都是理所应当的,表现出较强的占有欲,目中无人、关爱他人的意识淡薄。因此从小培养幼儿关爱他人的情感是塑造其健全人格、形成优秀的思想品格的重要基础,也是践行立德树人根本任务的重要组成部分,这对其未来的成长和发展具有积极作用。

一、榜样引领,在耳濡目染中激发关爱情感

大班幼儿随着年龄的增长和视野的不断拓宽,因社会需要而产生不同情感的表现开始萌芽,他们的情感会因外界事物的影响而发生变化,不仅对身边的人和事物感兴趣,也对社会上的一些英雄楷模无比崇拜。根据幼儿善于模仿、可塑性强的特点,我以"心中的英雄"为切入点,采用多种形式开展系列主题活动,带领幼儿开启心灵之旅。

1.在感动中寻找榜样

《感动中国》集合了社会发展及时代精神的代表人物,体现了中国传统美德和社会的良好风尚,《感动中国》中的人物是中国最具影响力的时代先锋。通过对典型事例的观看引发了幼儿强烈的共鸣。广西都安的"莫爸爸",用自己微薄的工资实现了300名孩子的大学梦。在他微薄的工资与庞大的资助人数的对比下,我们深深感受到了他愿做火种、甘为人梯的奉献精神。他用爱筑就的丰碑,矗立于万千学子心中,他的事迹感动着我们每一个人。河北农民高淑珍,用自己的爱心帮助了39位失学残疾儿童,14年如一日筑造爱心小院,为孩子们遮风挡雨,她播种下辛苦的种子、收获了善良和幸福,她用大爱无疆的宽广胸怀和坚持不懈的韧劲深深地感动了大家。

先进的楷模事迹给孩子心灵带来很大的冲击,孩子们感受到在平凡的生活中,英雄们为了人民的利益默默地奉献着自己无私的爱。榜样的精神引领幼儿朝着至真至善至美的道路前行。

2.学习身边人物,树立心中目标

也许在孩子们眼中,榜样离我们太遥远,其实榜样就在身边。我们请来了

校外辅导员张叔叔为小朋友们讲述一些感人的小故事,聆听居委会的爷爷奶奶讲述一些邻里互帮互助的友爱故事,通过观看《关心别人,快乐自己》的公益广告,深深感悟到当我们关心和帮助他人时,会感到自己是有益于他人、有益于社会的人,在传递爱的同时,收获的是甜蜜和快乐。孩子们观看微电影《另一只鞋子》,在小男孩的动作和神情中深深地感受到了什么是爱与善良,明白了人与人之间的关心是相互的,只要你愿意帮助别人,别人也会帮助你。孩子们感受到了平凡的百姓也可以成为别人心中的榜样,更加感受到了关爱无处不在。

慢慢地孩子们开始用眼睛发现,清洁工人准时将垃圾清理好,是为了保证幼儿园干净的环境,保安叔叔每日的坚守,是为了保护小朋友的生命安全。孩子们在点点滴滴中,感受着身边人身上的闪光点的同时,体会到了每个人都可以做别人心中的英雄,萌发了想去关爱别人的情感,为良好思想品格的形成打下了基础。

二、情感体验,在潜移默化中调动关爱行为

《3-6岁儿童学习与发展指南》中指出:"要以多种方式引导幼儿认识、体验并理解基本的社会行为准则、学习关心和尊重他人。"幼儿在成长的过程中会加入不同社会群体,体验不同社会角色、人物关系、行为准则。于是我们带领孩子走出幼儿园,让孩子通过亲身体验的方式,体验不同的情感。

跟随着爱心志愿者的脚步,我与孩子们走进了"七色花舍"的特殊人群中,看着好多幼儿挤在一间屋子,生活上的布置非常简陋,桌上的玩具也没有想象中那么高级,看似健康的孩子们或多或少都有一些缺陷,孩子们在别样的视角中看到了他们所认为的完美世界中的一点点不完美,瞬间孩子们惊呆在原地,久久不语。孩子们变得胆怯,藏在了成人的身后。当孩子们看见老师们勇敢地抱起并亲吻七色花舍的孩子们时,看到这里的孩子们清澈的眼神、甜美的微笑,他们跟我们一样感受着世界的美好。瞬间孩子们的心理上发生

了微妙的变化，他们意识到自己年龄虽小，也能尽己所能地去帮助别人，激发了他们关爱他人的勇气和信心。他们将带来的玩具、书籍、衣服等礼物开心地送给了这里可爱的孩子们。此刻他们并不会因为失去了心爱的礼物而哭鼻子，相反他们付出了关爱之后，内心获得了极大的满足，孩子们第一次体会到了帮助别人的快乐，我想此时的他们对生活有了新的认识和审视！

关爱的脚步不会停止，为了给孩子提供更多关爱和交往的机会，我们开展了"关爱日"主题活动。在"大带小"的活动中，幼儿安慰刚入园时哭哭啼啼的小班弟弟妹妹。一个温暖的拥抱、一句发自内心的安慰、一个小小的手工作品都表达着孩子们心中的爱。孩子们利用周末时间与家长一起走进敬老院，为爷爷奶奶敲敲腿、捶捶背，分享一些快乐的事情，孩子们积极主动地参加"爱心义卖"和图书捐赠活动，丰富多彩的活动拨动着幼儿心底关爱他人的心弦。

随着活动的不断深入，结伴出游的孩子们发现公园里常有三三两两的老人在乘凉，于是在重阳节来临之际，我们走出幼儿园，将精彩的节目送到爷爷奶奶的面前，并将用心制作的精美贺卡送给他们。爷爷奶奶看到这些活蹦乱跳的小家伙，脸上笑开了花。秋叶轻轻飘落下来，操场上落满了叶子，孩子们主动发起了"我是环保小卫士"的活动，他们轻轻捡起落叶，扔进垃圾桶，主动策划环保宣传单，号召其他幼儿自觉维护幼儿园环境。慢慢地孩子们懂得了关爱他人不分年龄大小，只要尽己所能，给予别人一点点关爱，就是一个值得称赞的人的道理，感受到了在帮助别人的同时自己也会收获极大的快乐和幸福。

三、家园携手，在传承中升华关爱情感

通过系列主题活动的开展与体验，孩子们内心深处萌发了关爱他人的情感，基本的关爱方式已经在孩子们身上显现。他们知道了察言观色、换位思考、嘘寒问暖，能够尝试站在对方角度想问题，当别人开心时跟着一起高兴，当别人遇到困难和需要帮助时，能够给予语言或者行为上的关心。奶奶累了，

会对奶奶说："您休息一会儿，我给您倒杯水。"爷爷病了，会主动去端水、拿药。看见辛苦了一天的父母回到家，会主动将自己的玩具收拾好，也能把自己的小衣服、小袜子洗干净，在家经常听到"妈妈您辛苦了"的暖心安慰。当知道好朋友遇到困难时会主动拿起电话或者写字条表示关爱，现如今早已不是"大手牵小手"，而是"小手主动牵起了大手"，看着孩子们的点滴变化，家长欣喜不已的同时也愿意和孩子一起去关爱别人。

德之立，始于初，幼儿期是关爱情感教育的重要时期。在一日生活、集体活动、随机教育中有意识地对幼儿进行关爱情感的培养，通过多元化的幼儿园课程加以实施，在潜移默化中将中华民族的传统美德融入孩子们的生活中，引领着孩子们去感受世界上最美好的情感，为幼儿形成稳定与社会相适应的良好关爱品质奠定良好的基础。在道德的明镜下，共同装饰幼儿、家长乃至整个中国梦，让"山蕴玉而生辉，水含珠而川媚"的绝妙意境，在教育的征程中精彩呈现！

（此论文获天津市教育学会"教育创新"论文评选三等奖）

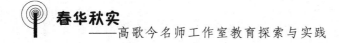
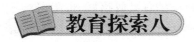

教育探索八

幼儿园角色游戏活动开展问题及对策研究

张 虹

[摘　要]游戏是儿童学习的主要方式,是认识世界的重要途径。游戏不仅能让孩子们得到愉快的心理体验,同时也能帮助他们在知识、情感、态度和行为等许多方面取得进步和成长。作为学龄前儿童的有效学习途径,游戏对儿童的进步和成长具有特殊的教育价值。幼儿角色游戏活动是最有用的教学办法之一,经过游戏,孩子们能够理解社会及家庭角色的分工并有利于幼儿探究成人社会。此外,游戏教育能够培育孩子的大脑并锻炼他们的实际操作能力,这对幼儿的身心健康是十分有益的。本文分析了角色游戏在幼儿教育中的重要性和应用战略。

[关键词]游戏　　幼儿园　　学前教育

引言

在幼儿阶段,教学的主要内容是协助孩子更好地理解周围的事物,使孩子可以了解更多的常识。由于孩子的思想方式还不成熟,知识直接输入的教学办法容易让孩子感到无聊。因而,幼儿园教师应该从孩子的身心成长出发,运用角色游戏活动的办法,激起孩子的学习兴趣,完成幼儿知识教育的目的。角色游戏活动办法能够为孩子创建一个轻松愉快的学习环境,激起他们探究的愿望,并产生积极的情感体验。

一、角色游戏活动的重要性

(一)可以增强幼儿对于社会的认知

角色游戏教学要求满足一些条件,如任务、协作、乐趣和知识。只要融合这些特定要素,才可以称之为角色游戏教学。角色游戏教学的这些要素在社会生活中非常普遍,幼儿在角色游戏中产生的情感体验是将来社会生活的基础。协作是幼儿在将来学习和工作中经常运用的方式。在学习时,老师通常会布置协作教学办法,在工作中,一些特定的任务很难一个人来完成,就需要很多人协作完成。在幼儿的角色游戏教学中,儿童提早取得协作教育内容,这能使幼儿在将来的团队协作中更快地融入团队。乐趣主要是为儿童角色游戏提供足够的动力,知识是幼儿教学的主要内容。在角色游戏中,教师教授孩子日常知识,协助孩子科学地理解四周的事物,正确判别错误,分辨美与丑,懂得善与恶。

(二)可以帮助幼儿形成健全的人格

在角色游戏情境中,教师创建了一个虚拟的情境,没有过多地人为干预要素。在虚拟的情境中能够激起孩子们的原始冲动和愿望,并依据自己的想法和愿望享用角色游戏和喜悦。在整个角色游戏中,孩子们都是放松的,他们天真、向善的本性得到全面展现,生活中的一些不高兴的情感体验能够暂时被放置,孩子们能够为所欲为地体验没有压力的氛围,在这种良好的角色游戏气氛下,孩子们的思想道德得到有效提升,有助于孩子们形成良好的人格素质。

(三)可以有效提高幼儿语言表达和处理问题的能力

在角色游戏中,孩子们将经过他们之间的交流,积极地交换彼此有价值的信息,这构成了言语教育的原型。孩子有目的的言语交流是基于思考和脑力活动而产生的。沟通是一种表达方式,可以在角色游戏中有效地提升幼儿的言语表达水平。角色游戏的特殊魅力在于处理问题的过程和取得成功的喜悦。在这个过程中,孩子们解决问题的水平将得到有效改善和锻炼。

二、幼儿园角色游戏活动存在的问题

(一)游戏材料种类少,更换频率低

目前很多幼儿园的游戏道具和玩具更新频率较低,有的一个学期内才改动一次,有的甚至一两年才更换一次。这样会影响幼儿的游戏体验和乐趣。游戏中道具和玩具的充足性和环境创建的适合性是影响儿童游戏兴趣的要素。道具和玩具的单一使其不能引起儿童运用道具和玩具的兴趣,这会使得游戏中儿童的非典型角色行为。这说明老师应该在游戏前为儿童提供充足的道具和玩具。游戏材料能否充足与能否改善儿童游戏中的游戏体验有关。

(二)游戏主题单一,缺乏创新性

目前大多数的幼儿园角色游戏活动都是由教师制定游戏的主题,这使得游戏主题内容相对简单。很多老师在开学初始提前预设出角色区的游戏内容,无视幼儿的需求,确立一些安静、好操作的游戏主题,比如给宝宝过生日、美发屋等。而且,很多游戏主题的建立也常常相互借鉴,从别园或班级看到的直接照搬到自己班级,缺乏游戏创新性。究其原因还是教师在游戏主题中的创新度不高,忽略了孩子在主题游戏中的主导地位。

(三)忽视游戏区的指导

幼儿园的一些教师依然觉得孩子的自发游戏才是游戏。孩子们只能在角色游戏活动中自主活动和游戏,老师没有对其进行引导,并且依然存在着对游戏指导的成见,认为在游戏中应该施行高度控制并采用让孩子自行游戏的状态进行。在组织和施行游戏时,觉得在游戏过程中,孩子们只能遵照游戏规则,脱离游戏规则就是错误的,并依据他们分配的角色来玩就足够了,他们经常约束游戏中的孩子,这使得很多孩子对于游戏产生抵触和厌烦。

(四)游戏评价内容不全面

老师要在游戏结束后及时评价游戏过程,并且评价的内容要全面,包含游戏过程中的各个方面。评价过程中教师应该用积极的言点应放在游戏中幼戏过程中的各个方面。评价过程中教师应该用积极的言点应放在游戏中幼儿的进步、成长和提升上。但是,在真实游戏状况下,在游戏之后老师的评价方面主要限于游戏的进行情况以及孩子使用游戏材料熟练程度或游戏常规方面。老师不能不及时关注孩子游戏及孩子在游戏中的情况,忽略了孩子是游戏的主体。孩子们在游戏中能否可以体验到快乐,能否在游戏中进步和成长,每个孩子在游戏中能否在自己原有水平上得到提升发展,在老师的评价中都很难有所体现。

三、幼儿园角色游戏活动问题的建议

(一)提供适宜材料,推动游戏发展

首先,依据幼儿的年龄特征思考游戏道具和玩具的特征和数量。

在环境变量中,变量的类型和数量直接影响了游戏中主体的创造力和创造性,并且还影响了主体探究环境的可能性。通常情况下,小班幼儿以平行游戏为主,因而游戏中游戏道具和玩具的要求最符合年龄特征。比如娃娃家的菜板、菜刀人手一份。到了大班,孩子们愿意玩富有想象力的游戏。依据这个阶段的年龄特征,游戏中的游戏材料要求宜简单,如中班提供皱纹纸条替代面条,橡皮泥捏塑出各种想象出的食物,大班可以提供低结构的材料如纸条、纸片、木棍、珠子等,供孩子们在游戏中自由发挥想象与材料形成互动,激发游戏的深层进行。

其次,老师要善于发现幼儿在游戏体验中的进步和成长,并在理解儿童游戏体验的前提下动态调整游戏材料。

例如在大班超市游戏中,一名美工区的幼儿去购买游戏使用的吹塑纸板,他手里只有一元钱,可是吹塑纸板需要两元钱,为此顾客和店家吵闹起来,顾客说自己就需要半张吹塑纸板所以一元钱可以买走,店家坚持要两元钱才可以。顾客认为超市卖的吹塑纸板太大了,自己都买走很浪费,这样不合

理。我发现这个扮演顾客的幼儿提出的问题和建议很有想法,于是和孩子们一起讨论怎样解决这个难题。孩子们各抒己见,最后超市店家接受了大家的建议,把吹塑纸板裁成不同大小的规格,摆放在货架上,标注上不同价格,经过材料的调整,超市一下子生意好起来了,孩子们看到调整好材料后顾客选择的面更宽,自己需要做的事情也更多更有趣,一个材料的调整推动了游戏的进展,于是店家每天需要理货,添置不同的材料,这让游戏活了起来。

再次,老师应该协助幼儿在与游戏道具和玩具互动的过程中创建性地丰富他们的经历。

例如:在"水吧"游戏中,最初老师应孩子们的需求提供了一张点水单,上面有饮品图片及价格,在游戏过程中孩子们发现每次点完的水有时喝不完,倒掉则造成了很大的浪费,于是孩子们自行修改了点水单,把每个饮品后面标注了大杯和小杯两种规格,并分别附上两元和一元不同的价格,他们把生活中的经验迁移到游戏中,一下子就解决了浪费的这个问题,由于生意火爆,随后孩子们还结合生活经历增添了外卖业务,招聘了外卖人员,孩子们玩得不亦乐乎。

最后,老师要最大限度地为幼儿选择游戏,设置具有足够数量的逼真游戏道具和玩具的存储箱。在游戏开始之前,幼儿能够在储物盒中找到自己想要的道具和玩具。这个储物盒我们称之为"百宝箱",百宝箱里面的材料是孩子们平时收集的各种材料,如:瓶瓶罐罐、纱巾衣服、帽子手套、眼镜皮包等,材料根据内容进行分类做好标记放在区角,孩子们可以根据游戏进度的情况从百宝箱里找自己需要的材料,促进游戏进一步发展。

(二)明确角色身份,提升角色意识

在角色游戏中,幼儿的角色意识也尤为重要。幼儿在游戏中扮演的角色往往随着自己的游戏兴趣而转移,脱离了游戏情景。此时,老师可以用游戏中的提示性言语唤起幼儿再进行游戏的行为。例如,在医生的游戏中,一些孩子正在等候医生,但转过身来看到其他孩子在他旁边扮演护士,并且正在给另一名患者注射,等候医生的孩子会觉得十分有趣并拿起针,也要给别的孩子注射。面对这种状况,教师能够运用提示言语"你让医生看什么病呀?""你感觉哪里不舒服呀？"让孩子跳离游戏时快速回归角色。同时老师还能以游戏参与者的身份进入游戏中，带动或协助幼儿进行游戏活动。游戏中老师还可以指导幼儿之间互相协商和沟通，并让他们明白如何协作。

（三）细致观察过程，指导策略灵活

教师如果想对游戏中的幼儿予以科学和恰当的指导，就必须在游戏中细致观察。

首先，教师应关注游戏整体。游戏活动是一个动态的发展过程，老师在不同时期的关注点也要有所不同。例如，在游戏的早期阶段，老师主要关注孩子在游戏中参与游戏的状况，游戏中道具和玩具的运用以及早期儿童的兴趣表现。在游戏的中期，老师主要关注儿童在游戏协作和社会成长中与同龄人交流的状况。

其次，教师在游戏中关注幼儿情况及记录游戏状况的方法要得当，这对教师科学指导游戏有着重要的影响。这能够帮助老师更全面地了解各个孩子之间的差别。

第三，老师关注时间必须充足。由于儿童游戏的动态性和复杂性，以及儿童在游戏中扮演的角色不同，观察的难度增加，因而老师应该予以幼儿长期的连续动态观察。

第四，老师指导的关键是深化研究和关注游戏中幼儿的行为。这要求老师对游戏进行深入理解。与此同时，老师应热衷于研究游戏中的行为，并精确研究游戏行为背后的基本缘由。

（四）评价方式多样，促进儿童成长

老师应该以多种方式评价幼儿游戏中的表现，并能根据幼儿游戏情况，综合思考孩子们游戏时的情绪体验，利用多种评价办法予以评价。不仅如此，老师还能够研究幼儿在游戏过程中的具体行为，对幼儿予以深化评价。在游戏活动中，老师还能够依据孩子们在游戏中的细微举动，研究和评价孩子，并融合儿童游戏中心理表现和行为表现的评价。当然，还能够以允许儿童互相评价和讨论的方式将游戏中的人或别的小朋友的行为和表现融合起来。老师还能够有目的地引导幼儿回想和反思游戏的情节和过程，并鼓舞幼儿在游戏中分享自己的游戏和情感体验。老师应擅长用鼓舞人心的言语引导孩子。在游戏评价中,幼儿的自我评价比老师主导的评价更客观,更有利于促进儿童在评价中的逐渐成长。老师应运用各种办法使评价愈加精确。基于幼儿的自我评价办法能够最好地表达儿童在游戏中的客观性,有助于儿童找到在游戏中的位置。

　　一次在幼儿园的游戏中,一位小朋友主动过来告诉我他是娃娃家的爸爸,说:"我要好好照顾宝宝,做个好爸爸。"我竖起大拇指表扬他,鼓励他。于是他开心地去做游戏了。一会儿他把宝宝抱起来,坐在小床上,一口一口喂宝宝吃东西,我问:"你给宝宝吃的什么呀?"他指着碗里说:"蛋汤呀,很好吃的,我妈妈也给我烧过的。"说着继续给宝宝吃。这位小朋友是一个认真的孩子,平时爸爸妈妈对他也很关爱,照顾得很细心,他就按照爸爸妈妈照顾自己的模样照顾宝宝,这样的孩子在游戏中加以引导和鼓励,让他观察生活、回忆生活,从而获得更大的进步。

结论

　　游戏是孩子们生活的方式,也是做事的方式。幼儿在游戏中学习、探究并获取知识与成长。他们经过在游戏中积极探究获得知识和经历,经过与同龄人和环境的互动逐渐提升社交技艺,并在运动和攀爬等运动中获得身体的成长。因而,角色游戏活动完整契合幼儿的认知特性,对儿童的学习具有重要意义。它能够加强儿童对社会的认识,协助儿童形成健全的人格,提升儿童的言语表达水平和处理问题的水平。幼儿园老师认真学习角色游戏活动,并要留意角色游戏活动内容与孩子的生活的统一,设置简单、有趣的游戏,注重培育幼儿的思想。幼儿园老师应制定有效的角色游戏活动战略,全面提升幼儿学习品质。

参考文献

　　1.葛爽.论幼儿园结构游戏中教师的指导策略[J].赤峰学院学报(自然科学版),2016,32(03):274-275.

　　2.钱丽玉.浅谈游戏中培养大班幼儿合作能力的策略[J].读与写(教育教学

刊),2016,13(02):250.

3.王玉凤.大班幼儿合作游戏指导策略探究[J].读与写(教育教学刊),2016,13(01):251.

4.武丹.游戏教育在幼儿教育中的应用研究[J].中国校外教育,2016(07):146.

（此论文荣获 2019 年天津市学前教育教学优秀论文评选一等奖）

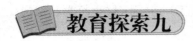教育探索九

促进幼儿主动参与体育活动的有效策略

范　静

[摘　要]健康的身体是幼儿一生可持续发展的基础,而体育教育是促进幼儿健康发展的最好抓手。在幼儿体育教学中,教师要充分了解幼儿的年龄特点和需要,充分运用多种多样、科学有趣的教育方法和策略,重视发挥幼儿的主动性、积极性、创造性,吸引、引导幼儿主动参加活动,为幼儿的终身体育和健康发展打下良好的基础。

[关键词]幼儿　主动参与　体育活动

《幼儿园教育指导纲要(试行)》中明确指出:幼儿园必须把保护幼儿的生命和促进幼儿的健康放在工作的首位。《3-6岁儿童学习与发展指南》也将幼儿的健康工作列在了首位。健康的身体是幼儿一生可持续发展的基础,体育教育是促进幼儿健康发展的最好抓手。但现在社会中存在"重智育、轻体育"的现象,多数家庭又住在高楼里,幼儿户外活动时间很少,普遍缺乏锻炼,很多家庭甚至出现了肥胖儿童,近视儿童也开始向低龄化发展,幼儿的身体素质不容乐观。在幼儿园体育教学中也存在着"教师主导、幼儿被动接受""重技能结果、轻过程练习、忽视幼儿学习兴趣、积极情感及创造性培养"的倾向。因此,开展"促进幼儿主动参与体育活动的有效策略"研究,对于有效调动幼儿参与体育活动的积极性,促进幼儿健康发展具有十分重要的意义。

那么,如何激发幼儿对体育活动的兴趣,让幼儿能积极主动地参与活动呢? 我将从以下四方面进行阐述:

一、通过多种方式创设情境,激发幼儿的参与兴趣

兴趣是幼儿学习最好的老师, 也是幼儿在体育活动中最持久的动力,促进幼儿主动参与体育活动,首先要激发他们的参与兴趣,使幼儿萌发迫切想要参加的愿望和动机。这就需要教师在充分了解本班幼儿的年龄特点和兴趣点的基础上,结合教学目标和内容,从多方面入手,为幼儿创设出一个有趣的导入环境和运动氛围,吸引幼儿参加。

1.利用故事、儿歌导入游戏情境,从听觉上吸引幼儿

根据幼儿喜欢听故事的心理特点,将体育活动目标与经典故事内容相结合或者创编故事、儿歌,用儿童化的语言夸张地叙述、表达,增加体育活动的趣味性,吸引幼儿参与游戏。比如"小青蛙学本领"这个游戏,在开始的热身活动时,我利用儿歌"小蝌蚪,圆圆头,排着长队去游泳。小尾巴,摇摇摇,变成青蛙呱呱跳"带领幼儿在情境中模仿小蝌蚪的动作。学习蹦跳动作时,我借助儿歌提示幼儿动作要领:"小青蛙要回家,跳荷叶有点怕;小青蛙你别害怕,快快过来学妈妈;弯弯腿、呱呱呱;摆摆臂、呱呱呱;用力跳、呱呱呱;我们一起跳回家。"在儿歌的引领下,幼儿仿佛身临其境,从"小青蛙不敢蹦跳"到"小青蛙学习蹦跳"到"小青蛙捉害虫",在故事情节中展开体育教学,这不但有效地调动了幼儿参与的热情和学习的积极性,还有助于他们掌握正确的动作要领。

2.借助形象直观的材料道具铺垫游戏情境,从视觉上吸引幼儿

可以根据活动内容准备相应的头饰或服装,如游戏"小兔拔萝卜",教师为幼儿准备兔耳朵头饰,教师可以戴稍大一些的兔妈妈头饰,与幼儿的加以区分,带给幼儿新鲜感,幼儿融入角色当中,形成想要参与的愿望和动机。游戏后半部分,身穿灰色卡通服装、带着毛茸茸的长尾巴和尖尖爪子的"大灰狼"的出现,又一次吸引住幼儿的目光,幼儿欢呼雀跃、情绪高涨,把游戏推向

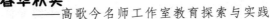
高潮。恰当的头饰、服饰能带给幼儿视觉上的冲击,为枯燥的体育运动注入活力,给幼儿带来情感上的愉悦体验。

3.运用各种音乐烘托游戏氛围,带给幼儿特别的情绪体验,从情感上吸引幼儿

不同节奏、不同风格的音乐会带给人们不同的情绪感受,欢快的乐曲可以活跃情绪,激昂的乐曲可以振奋精神、优美的乐曲可以调节情感。在体育活动中,根据游戏情节的需要融入各种不同的音乐,可以营造出多种游戏情境。如我在设计体育活动"红绸变变变"中,根据"刮风了""蚂蚁爬""青蛙跳""小鱼游""小马跑"等几个游戏情节分别选择了代表各自特点的音乐,幼儿随着音乐的变换自然融入游戏情境及动作的转换中,运动潜能也自然地释放出来了。又如在游戏"打败大灰狼"中,大灰狼出现时利用快速加重的脚步声的背景音乐加以烘托,制造出紧张危险的气氛,给幼儿更加真实的体验和感受,使游戏更有情节感和画面感。

4.通过夸张的动作表现情境内容,抓住幼儿的注意力,从精神上吸引幼儿

著名教育学家赞科夫说过:"教学一旦触及学生的情绪和意志领域,触及学生的精神需要,便能发挥其高度有效的作用。"体育活动中,教师用抑扬顿挫的语言、夸张的动作为幼儿做示范,这样能让幼儿在干扰较多的户外有效地集中注意力,促进幼儿高效学习。比如,在练习"抛"的动作时,我利用"炒豆豆"游戏,提供一块大布作为"锅",让幼儿将"豆豆"(沙包)倒入"锅内",我以夸张的动作带着幼儿一起用力向上抛,"锅内"的"豆豆"就像跳跳糖一样此起彼伏翻滚起来,孩子们的情绪也随着"豆豆"的翻滚而沸腾起来。

5.尝试丰富的角色表演体验游戏情境,增加游戏的趣味性,从乐趣上吸引幼儿

幼儿喜爱看表演,更喜欢自己表演。因此,我根据体育活动的需要让幼儿担当其向往的角色,促使其带着角色体验的真切感受来完成体育活动内容。比如,在练习幼儿的平衡能力及合作能力时,我创设了"运送伤员"的情境,根据性别特点,让男孩子扮演解放军,女孩子扮演小护士,两个人在共同配合下抬着担架走过平衡木,完成任务。整个活动以有趣生动的角色和情节,引发幼儿

学习动作的兴趣,把以往"枯燥的平衡动作练习"变成"生动有趣的角色模仿",在角色扮演中两人有分工、有合作,行动上、思维上都产生积极的互动,在快乐中达到动作的发展。

二、教师转变教学观念,促进幼儿的主动参与

传统的游戏强调先教后练,教多练少,教师示范后,幼儿在统一条件下,用同一方式练习,达到同一种活动要求,这忽视了个体差异和幼儿的不同发展需求,活动形式和内容都稍显单一枯燥,难以发挥幼儿的主观能动性。而在《3-6岁儿童学习与发展指南》精神的引领下,教师在设计活动时,要转变教学观念,打破传统的教学活动设计的思维和模式,转变为在教师的主导下,以幼儿的主动参与发展为目标,充分发挥幼儿在活动中的主体地位,鼓励幼儿主动探索创新,逐步引导幼儿由被动模仿变主动探索。同时又要通过适当的提问、启发等语言引导和活动引导,使幼儿的创新行为朝着正确的、科学的方向发展。

如在"好玩儿的绳子"这一体育活动中,一开始教师并不示范绳子的玩法,而是鼓励和引导幼儿自由地去体验,自主探索绳子的多种玩法,互相交流。同时,鼓励幼儿共同参与游戏规则和玩法的制定,充分尊重幼儿的自主意愿,通过这样的形式,让幼儿逐步形成主动探索的愿望,学会自主探索,自行解决问题,参与制定规则,发挥幼儿学习的主观能动性,学习的热情被充分调动起来,每一名幼儿都能体验到成功感,使幼儿的主动性、创造性得到发展。

三、充分挖掘活动内容,满足幼儿的发展需求

河东区第一幼儿园在保留经典体育活动内容的同时还注重从中华传统文化中汲取营养,充分挖掘民间传统体育中的游戏价值,尝试把民间体育游戏的情景、传统玩具器械和民间传统体育游戏与体育活动相结合,并以分离

式、插入式、整合式等多种形式促进两者紧密结合,大大丰富了幼儿体育活动的内容和范围。我们把收集到的民间体育游戏根据现代社会特点、地域特点及幼儿的现实需要,融入一些现代的、有趣的、适合幼儿需求的内容,经过反复尝试对传统玩法进行整合改编,受到幼儿的欢迎和喜爱。

如民间传统游戏"县官判罚"原本是一个室内游戏,现代幼儿对"县官"这一名称较为陌生,在向幼儿做简单介绍后,我们又把游戏玩法加以改编,以插入式的形式将这一游戏融入户外体育教学活动的放松环节,让幼儿两个人一组面对面站立或所有幼儿沿圆圈顺时针站立,在"切切切""捏捏捏"中互相放松身体,孩子们都很喜欢这种放松方式,比起给自己揉捏认真多了,大家也比以前更喜欢放松环节了。我们还将这个游戏与幼儿一日生活相结合,运用到餐前环节,游戏诗文中最后问到"什么菜",我们提示幼儿想想"你吃过的菜""你爱吃的菜""幼儿园常吃的菜"等,让幼儿在创新的游戏玩法中丰富日常生活经验。

四、创新运用活动材料,丰富幼儿的游戏形式

良好的户外体育活动环境是促进幼儿健康发展的前提,而为幼儿提供丰富的体育活动器材,则是幼儿进行户外活动的必要条件。传统体育教学中使用的材料基本上都是常见的体育运动器材,而我们尝试将民间传统舞蹈常用的大红绸大胆创新运用,根据小班幼儿身心发展规律和年龄特点,以红绸为载体,设计了一个发展幼儿走、跑、跳、钻、爬动作技能的创新体育活动。在活动中,运用红绸的不同展现方式分别创设了不同的游戏情境,如通过抖动红绸来表现"刮风了",把红绸平铺到地上让幼儿练习手膝着地爬,表现"蚂蚁运粮";将红绸举过头顶让幼儿在红绸下练习"小青蛙跳",将红绸的高度降低,让幼儿从下面钻过,玩"网鱼"的游戏;将红绸举高变成彩虹桥,让幼儿从彩虹桥下"小马跑"。通过红绸不断的变换让幼儿在游戏情境中体验各种游戏的乐趣,这不但发展了幼儿的各项动作技能,还大大丰富了幼儿平时体育活动的

素材和形式,成功地吸引了幼儿的兴趣。

总之,在幼儿园开展体育活动只有依据幼儿的身心发展规律,从幼儿的兴趣出发,利用多种形式创设新鲜有趣的运动情境,尊重幼儿在活动中的主体地位,重视发挥幼儿在体育活动中的主动性、创造性,充分挖掘教育内容,科学合理地创新教学模式、游戏玩法和活动材料,才能最大化地、全面地实现体育教学的实际效果,真正从多方面吸引、促进幼儿主动参与体育活动,促进幼儿身心健康发展。

参考文献

1.陈泽琼.让幼儿在体育活动中"动"起来[J].基础教育参考,2015,14.

2.高佳妮.在中班体育活动中促进幼儿动作发展的有效策略[J].读书文摘,2017,8.

3.黄世勋.幼儿园体育创新:基础理论和方法[M].教育科学出版社,2003.

4.罗三春.创设多种游戏情境,激发幼儿体育活动兴趣[J].当代学前教育,2017,8.

5.涂新桃.在体育活动中培养幼儿积极情绪的方法与途径[J].贵州教育,2009,9.

(本文荣获天津市学前教育学会优秀论文评选三等奖)

春华秋实
——高歌今名师工作室教育探索与实践

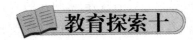

教育探索十

浅谈在主题性区域游戏中培养大班幼儿泥塑
创新能力的策略

冀　娜

[摘　要]主题性区域游戏简单地说是将区域活动与主题活动相结合,既有主题的情境性,又有区域活动的自主性。本文在主题性区域游戏的研究过程中,着重研究了大班幼儿泥塑创新能力的培养策略,主要总结出以下三点:"有效地投放和使用辅助材料;设置主题情境,引发区域之间的联系互动;深挖主题活动,深入引导幼儿思考。"在大班幼儿泥塑创造力的培养过程中,教师不仅要关注他们制作的作品内容的多样、新奇、精巧等方面,更应关注幼儿在制作过程中的思考、与同伴之间思想的碰撞、合作制作以及对成品的分享交流等方面的表现。

[关键词]主题性区域游戏　　大班幼儿　　泥塑创新能力　　策略

一、研究背景

近年来,河东区第一幼儿园一直在进行主题性区域游戏的研究。主题性区域游戏是指教师根据某一主题的目标、内容以及幼儿的兴趣和需求,开创相应的区域,将区域活动与主题活动相结合,在区域里投放不同的材料,引发幼儿与材料、同伴进行积极的互动,从而促进幼儿的全面发展。我班在幼儿园的研究背景下,也开展了相应的研究,并且结合相关主题活动,对"泥塑"进行了更深入地研究。我国学前教育专家朱家雄认为:"泥塑是指儿童以彩泥、橡皮泥、面团、泥等为材料,用双手及简单的泥工工具塑造出半立体或立体形象的一种手工活动。"在实践过程中,我们发现橡皮泥塑形晾干之后容易断裂,不易保存,故在选择材料时,选取了颜色鲜艳、柔软、易成型、晾干后易保存的纸黏土。

二、泥塑活动对幼儿发展的作用

我国美学家张念芸在书中提道:"泥塑是最常见的幼儿立体造型活动,其运用双手的操作和简单工具将泥塑造成立体的形象。泥塑在锻炼幼儿的手指肌肉动作的灵活性,发展幼儿手眼协调能力,培养幼儿的空间知觉和立体造型方面有很好的作用。"刘晓华在《泥塑在幼儿教育中的作用》中提到,泥塑可以"培养幼儿生活情趣、促进幼儿个性发展、满足幼儿需要、有利于情感发展、促进创新思维的发展、培养幼儿意志力"。可见泥塑对于促进幼儿的全面发展有重要的作用。

三、在主题性区域游戏中培养大班幼儿泥塑创新能力的策略

纸黏土由于其可塑性强、成型效果好,深受幼儿的喜爱。《幼儿园教育指导纲要(试行)》指出:"幼儿园应以游戏为基本教育活动,要充分保障幼儿游戏的权利和时间。"游戏以及区域游戏是幼儿平时非常喜欢的活动。结合主题性区域游戏,我们对泥塑活动进行了较深入的研究,并总结出以下几个策略:

(一)有效地投放和使用辅助材料

韩虹认为:"泥塑区域辅助材料,是指为幼儿提供大量的泥工材料,各种剪刀、小装饰品、手工纸、多种色彩瓶盖、彩色鸡毛、彩色扣子等废旧物品,使幼儿取放方便,便于幼儿可塑性、表现性、变化性进行泥塑制作的辅助材料。"在泥塑区提供辅助材料,要考虑到幼儿的年龄特点,笔者目前所带班级为大

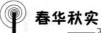

班,大班的幼儿在认知和泥塑技能方面都有了一定的发展,因此,可以提供更丰富的辅助材料,帮助幼儿进行泥塑创意。

以主题"古韵青花"为例,在进行子主题"我设计的青花"时,幼儿对纸盘、马勺和瓶子进行了青花纹样的设计,从平面到半立体再到立体,幼儿已经尝试了各种绘画的形式。于是,我询问幼儿是否想自己做一个瓶子,并进行装饰。泥塑区的幼儿立即用蓝色纸黏土做起了瓶子,但出现了以下的问题:1.塑造一个瓶子需要使用很多的纸黏土,这样下去,材料很快就会用完;2.用纸黏土塑小个的瓶子,易成形,省材料,但不利于装饰。于是,我请幼儿思考怎样做大瓶子才能又省材料、又易成型。幼儿在几次试验中发现:将纸黏土贴在卫生纸的卷纸筒、光滑的瓶子、易拉罐、薯片桶等表面光滑的圆柱体上,不仅省材料,而且更容易塑形。初期幼儿要等纸黏土做好的瓶子晾干后再用笔画出纹样,后来幼儿慢慢发现原来也可以直接用白色的纸黏土进行纹样的塑形,这就需要更精细的手部动作、更大的专注力和更多的创意。在主题区域游戏过程中,幼儿不断地发现问题、解决问题、不断地尝试和操作,不仅提升了泥塑的技能技巧,也提升了创造能力。

(二)设置主题情境,引发区域之间的联系互动

主题性区域游戏最主要的特点就是主题活动与区域活动相联系,同时各个区域活动之间也有联系和互动。设置一定的主题情境,可以将各区域之间的游戏、材料等利用起来,使幼儿创造性地进行游戏。

以主题活动"十二生肖大聚会"为例,在进行子主题活动"十二生肖成语故事"时,以往我们讲述完相关故事,会请幼儿以绘画的形式或者再次讲述故事的形式,深入理解故事的含义。此次,我们加入了泥塑的元素,幼儿泥塑发展水平从小班到大班在内容形式上大致经历了"无特定内容——独立形体——一定场景"三个阶段,大班幼儿在进行泥塑造型时,不再满足于单个的物体,更倾向于制作出一定的场景。于是,我们结合生肖成语故事设立场景,引导幼儿进行泥塑游戏。

比如在了解"胆小如鼠"这个故事时,我们在墙饰上进行了展示,并在图书区投放了相关的图书。一天,嘻嘻小朋友想用纸黏土捏出"胆小如鼠"故事

里面的人物,她对老师说:"因为古代人的衣服和头发与我们不一样,所以我捏不出古代人的样子。"我启发她想一想在哪里可以看到这个人物的样子,她去图书区借来了相关的书。大概用了两次活动区的时间,她捏出了"元庆和、梁朝皇帝和老鼠"等主要人物形象,并用美工区的纸盒子装了起来,打算用这些给她的好朋友娇娇讲一讲这个故事。在讲到"三万大军时",嘻嘻停了下来,拿起笔,在纸上画了很多火柴小人,说:"这就是那三万大军,好多人啊!"娇娇走到益智区拿来多米诺骨牌,把"多米诺小人"一个个立起来说:"这个更像三万大军,元庆和看了之后会更胆小,真是胆小如鼠。"在主题性区域活动过程中,幼儿能运用多个区域的材料来满足自己的需要,并能与同伴进行互动,提升创造力。

(三)深挖主题活动,深入引导幼儿思考

主题活动中的各个子主题活动之间的关系一般情况下有两种,即并列关系和递进关系,不管哪种关系,都需要深入地研究。在不断地深挖主题过程中,幼儿会不断地成长,获得更多的发现问题、解决问题的能力。

以主题活动"相亲相爱一家人"为例,在进行子主题活动"他们这样爱我"和"我这样爱他们"时,主要目标是感受亲人对自己的爱,同时用不同的方式表达对亲人的爱。小帆小朋友用纸黏土在纸盘上做了一棵小树,树上绿叶红花做得很是精致,最惹人眼的是在树顶上有一个小小的鸟窝,鸟窝里有一只小鸟顶着壳、张着小嘴巴。小帆告诉我:"这是一只刚出生的小鸟,它的妈妈去给它找虫子吃了。"著名教育家裴斯泰洛齐认为:"儿童对母亲的爱是道德教育最基本的要素,只有在此基础上才可能发展起儿童对父母的爱、儿童对全人类的爱。"我们在进行"相亲相爱一家人"这个主题活动时也是秉承着这个理念的,对此,我引导小帆:"小鸟的妈妈是怎么爱小鸟的?那小鸟长大以后又会怎么爱自己的妈妈呢?"为此,在活动区结束时,我特意放了音乐《爱妈妈的小乌鸦》,并请小帆在讲评环节和大家一起分享她的作品和创意。

之后,有一些幼儿开始模仿小帆的作品,同时,在主题活动不断地深入下,幼儿将鸟窝里的鸟宝宝变成了鸟爸爸、鸟妈妈,并改编了《爱妈妈的小乌鸦》这首歌。主题活动"相亲相爱一家人"更倾向于社会性教育,在孝亲教育的过程中,往往容易出现说教的现象,教师要抓住契机,帮助幼儿在泥塑的操作过程中,在不断的交流过程中感受亲情的可贵。同时在主题活动不断深入的过程中,幼儿的泥塑技巧、创造性思维都在不断地变化,正如苏霍姆林斯基说:"儿童的智慧在他的手指尖上。"也大概只有儿童的充满智慧的双手才能捏塑出这么精巧的"小鸟一家人"。

四、结语

泥塑活动是幼儿特别喜爱的一种活动,在主题性区域游戏中,泥塑活动更能激发幼儿的兴趣,也能给幼儿更多的时间来对泥塑内容进行思考、操作等。幼儿泥塑的创造性发展不仅体现在他们制作的作品内容的多样、新奇、精巧等方面,还体现在制作过程中的思考、与同伴之间思想的碰撞、合作制作以及对成品的分享交流等方面。

参考文献

1.韩贵荣.主题背景下区域游戏的设计与指导[J].科普童话,2016,14,35.

2.韩虹.幼儿园泥塑区域辅助材料的投放策略[J].设计教学与实践,2016 (2),120.

3.教育部基础教育司.幼儿园教育指导纲要(试行)[M].南京:江苏教育出版社,2002.

4.林琳,朱家雄著.学前儿童美术教育(修订版)[M].南京:华东师范大学出版社,2006(11),174.

5.刘晓华.在泥塑在幼儿教育中的作用[J].中国教育技术装备,2011,2(4), 22.

6.张念芸.幼儿美术活动指导与设计[M].北京:北京师范大学出版社, 2010,252.

(此论文获天津市学前教育研究论文评选二等奖)

第六编

潜心研究——研究成果篇

　　21 世纪的教师应具备哪些素质?其中不可或缺的一项是教科研能力。面对未来的教育,我们广大教师应该句科研型、学者型、特长型教师的方向发展。当前,教改大潮下,幼儿园走向"研究性"变革实践已成大势所趋,这意味着幼儿园要超越经验积累,注重现状诊断和问题反思,并基于问题的解决不断提高办学质量。为此,我们倡导教师要善于将工作计划以课题的形式、要求来确立和实施,以求得高水准的教育管理。

"《3-6 岁儿童学习与发展指南》引领下,情境美术活动的实践研究"结题报告

朱顺敏　　王君玲

一、问题的提出

伴随着现代幼儿园教育教学水平的提升,幼儿教学方法也得到极大的改善。情境创设作为一种新的教学手段在幼儿园教学中得到广泛运用,特别是在幼儿园美术教学中。但在幼儿园美术教学实践中存在着教师对教学情境不够了解或是过度使用,让教学情境失去对孩子们的引导和启蒙作用的现象。对于学龄前的孩子们来说,他们的年龄和智力水平都不足以让他们能长时间集中精力于一个教学情境之中,如果教学情境使用不得当会让他们对这种教学方式产生厌倦甚至抵触的情绪。因此,在幼儿园美术教育中运用情境创设要以幼儿为本,准确把握幼儿的年龄特点,尤其是心理特点和兴趣爱好,提高情境创设教学的有效性。

二、概念的界定

"情境创设"是指在教学过程中,教师有目的地引入或创设生动具体的场景,引起幼儿一定的心理体验从而帮助幼儿理解活动内容,并使幼儿的经验得到提升。具体来说,教师通过在美术活动中为孩子们创设一定的"情境",主要是为孩子们营造一个想象和创作的良好氛围和环境,引导孩子们从中感受美和发现美。通过情境创设,能够让孩子们更好地去了解和认知事物,同时也能达到培养其审美情趣的目的。

三、研究的目标与内容

研究目标:

本研究旨在分析情境创设教学手段的使用特征以及其具体实施内容等方面的内容,教师根据自身的幼儿园美术教学经验,以大班的孩子为研究对象,具体分析应该如何更好地进行幼儿园美术教育中的情境创设活动。

研究内容:

1.情境创设在幼儿园美术教育中运用的原则。

2.幼儿园美术教育中情境创设的特征分析。

3.幼儿园美术教育中情境创设的方式。

四、研究成果

通过实践研究,主要获得以下观点:

(一)准确把握情境创设在幼儿园美术教育中运用的原则

在《3-6岁儿童学习与发展指南》(以下简称《指南》)的引导下,应该加强对幼儿园情境创设教学的有效性研究。具体来说,其应该遵守的教学原则主要包括这几个方面:一是情境创设应该遵循为教学内容以及教学主体服务的原则;二是情境创设必须要与教学目标以及课程标准相配合的原则;三是情境创设一定要与幼儿的年龄特点以及其认知水平相符合的原则;四是情境创设教学一定要积极通过视听结合等多种教学形式来调动幼儿的多感官运动和身心参与的原则。

(二)准确分析幼儿园美术教育中情境创设的特征

"一切为了孩子的发展"是幼儿园教育的最高宗旨。在幼儿园美术教学过程中,教师制定教学目标,应该以幼儿为本,根据幼儿的实际情况来制定符合5~6岁孩子心理需求和发展水平的教学目标。

1.以年龄特点为前提,增强情境内容的多样性

不同年龄阶段的学生,其心理特性也会有所不同。尤其是3~6岁的孩子们,他们对世界具有很强的好奇心,但是他们认识事物需要一个逐渐转变的过程。笔者根据带大班的孩子的实践经验发现,随着孩子年龄的增长,他们懂得的知识越多,对事物的兴趣就越广泛,大班的孩子就要比小班、中班的孩子认识和懂得的事物更多、更丰富。在情境创设的过程中,可以在情境内容上更丰富一些。例如可以设立"跟着想象去旅行"的情境创设主题,教师带着孩子们一起做闭眼飞行的游戏:"小朋友们,我们的想象旅行开始了,第一站我们到了公园,公园里的鲜花开了,鸟儿在唱歌⋯⋯第二站到了海边,海那边传来了轮船的汽笛声⋯⋯"

2.以情感为纽带,体现其渗透性

5~6岁的孩子是最富情感的,教师在进行情境创设活动时,要善于调动孩子们的情感,让他们能够更好地融入教师所创设的情境活动中,以情感为纽带来激发孩子们的创造力和灵感。例如在大班的美术教学活动"动物啦啦队"中,选择孩子们最喜欢的动物形象,抓住孩子们对动物的认识或喜爱这个情感因素,由此来展开情境创设。通过动物啦啦队角色扮演来让孩子们更好地融入这个主题活动中,这不仅能够加深孩子们对动物形象的认识,同时能够让这些动物形象在孩子们脑子里变得更加鲜活,这种情感渗透式的情境创设教学有利于他们在美术作品创作中的发挥。

(三)幼儿园美术教育中情境创设的方式

具体来说,幼儿园美术教育中的情境创设的开展需要通过各种具体的教学方式来进行。在《指南》引领下,情境美术活动的实践教学方式具体包括这几个方面的内容:

春华秋实
——高歌今名师工作室教育探索与实践

1.布置室内环境,创设美术教学情境

通过为孩子们创设优美的美术绘画的创作环境以及艺术氛围,让孩子们能够有身临其境的感觉,能够通过自己的直接观察和体会来加深其对该事物的了解和认知。同时,对于5~6岁的十分活泼好动的孩子来说,通过布置环境的情境创设能够让孩子们保持较长时间的专注力。例如在"剪窗花"的美术教学主课堂上,为了方便孩子们对窗花的观察和认识,将一些窗花作品在课堂上进行布置,首先让孩子们对这些漂亮的窗花进行观察,然后再根据其对作品的观察来进行自主的美术实践。

2.表演展示活动,创设实际观察的动态情境

对大班的孩子们来说,他们对基本的事物已经形成了一套比较完整的认识,对一些基本的事物形象也比较了解,有足够的判断和分析能力。因此,表演的情境创设活动在大班的美术教学活动中是比较常见的教学方式。组织直观、生动的表演,不仅能够加深孩子们对表演内容的认识,同时也有利于孩子在美术创作中更好地进行情感再现。例如在人物绘画课上,通过组织孩子们进行一系列的歌唱、舞蹈表演活动,并让他们对这些表演活动进行仔细、认真地观察,通过这样的观察活动,能够培养孩子们的观察能力、创造能力、领悟能力以及实际动手能力。

3.分组竞赛,创设游戏情境

过去在幼儿美术活动中,一般都是教师布置任务,然后孩子们进行作品临摹,这种方式缺乏创造性和主动性。因此,为了改变这种机械性的教学环境,加强孩子们在活动中的主动性和积极性,我们设置了一些游戏情境,让孩子主动去参与美术活动的学习。例如在"捏泥人"这个主题活动中,将孩子们分成几组,让他们进行竞赛游戏,比如谁能在最快的时间内捏一个苹果、哪个小组能够将橡皮泥进行接龙、哪一组的橡皮泥长度最长等,给游戏获胜的组一定的奖励。这种方式不仅能够让孩子们将注意力完全集中在活动上,同时也锻炼了他们的动手能力和创作能力,并且能够帮助他们更好地进行大脑潜能的开发,为其今后的发展奠定良好的基础。

4.语言描述,创造抽象的美丽情境

对幼儿来说,语言是让其了解和认识美术、绘画最重要的一个方式。通过语言描绘让孩子们将他们心目中某种事物形象进行细化。语言的生动与否关系到孩子们参与的积极程度。描述的语言越动人、越有吸引力,就越能将孩子们引入这个为他们创设的虚幻、抽象的特定情境中去。充满感情色彩的语言情境的创设,其效果有时候比实际观摩等教学手段有更强的吸引力,孩子们内心产生的触动也会更深刻。例如在给孩子介绍凡·高的《星空》这幅画时,给孩子们描绘画中的景象时, 要选择他们能懂的语言尽可能生动形象地叙述:"这是一幅美丽的星空,蓝色的天幕下,繁星夺目、耀眼,它们像孩子们的眼睛一闪一闪,散发出柔和、温暖的光芒,照耀着我们每个人……"这样生动的描绘对孩子的思想和情感是有触动作用的, 能够帮助孩子开发其思维想象能力,让其与教师一同进入那个美丽的星空情境之中。

总而言之,加强幼儿园教育中的情境创设教学活动的研究,除了要把握住孩子们的年龄特征之外,还要加强对其心理特点和个性特征的把握,进行情境创设时,要加强教师的客观引导,让幼儿能够更好地以稳定心态接受并参与到美术活动中来,同时也要求教师要根据不同学生的心理特点来制定有针对性的教学目标。只有这样,才能够充分调动幼儿学习美术的兴趣,提高美术活动的教学效果。

五、课题研究后的思考

在实践的探索中我们也清醒地看到自己的不足和问题:

1.研究过程中教师在实践操作层面上探索、思考较多,但理论联系实践、提升教育理念不足。

2.教师理论支撑力度不够,归纳总结能力需要进一步提高。

3.园所课题研究的相关制度及措施还需完善并严格执行,以保证课题研究的深入。

参考文献

1.蒋柳萍.乘着想象的翅膀 舞动多姿的画笔——谈幼儿美术教育活动中想象力的培养[J].快乐阅读,2012,(06).

2.邱莹芝.尹敏.主题背景下的幼儿美术活动(一) 色块借形想象[J].早期教育(美术版),2012,(01).

3.石海荣.创设情境加强初中美术教学[J].科技创新导报,2011,(35).

(该课题荣获第五届幼儿园教育教学改革专题研究二等奖)

"在'天津旅游文化'主题背景下的幼儿园创意剪纸活动的研究与实践"结题报告

孙秋宁　宁宇

一、问题的提出

正确对待中国传统文化的创造性转化和创新性发展,要通过学校教育加大对中国传统文化正面宣传力度,增强爱国主义热情与民族自豪感。通过教育实践,培育传统美德,让13亿人都成为传播中华传统文化的主体,共同坚守实现中国梦的理想信念。

天津旅游文化作为中华传统文化地域特色文化的一个分支,凸显了中华传统文化的历史性、传承性和广泛性;在地域环境不同的特殊情况下,凸显出天津地域特色的文化形式。天津旅游文化具体包括名胜古迹、人物故事、饮食文化、民俗文化等。结合幼儿生活,旅游文化以儿童喜闻乐见的形式存在儿童生活之中,就像鱼儿生活在水中,自由欢快地享受着生命的滋养。所以,遵循幼儿生长发育的规律与不断发展的兴趣需求,以幼儿园游戏课程为载体,开展优秀的地域文化教育应该成为实现优秀传统文化继承与发扬的重要途径之一。

幼儿园创意剪纸活动,是使幼儿身心得到全面发展、培养幼儿创造能力和高尚情操的重要手段。《3-6岁儿童学习与发展指南》艺术领域的指导要点中指出："让幼儿投入到大自然与周围环境中,去感受、发现和欣赏自然环境和人文景观中美的事物。""创设宽松的心理环境和丰富的物质材料环境,尊重幼儿自发的、有个性的艺术表现与创造。"体会《3-6岁儿童学习与发展指南》,我们关注当下课程整合的教育理念,思考:对于天津地域特色的旅游文化而言,哪些内容更适宜开展幼儿园创意剪纸的活动?需要为幼儿创意剪纸活动提供哪些支持?

天津市河东区第一幼儿园以中国传统文化为特色,民间剪纸教育、创意剪纸教育作为天津市幼儿教研室两届教研专题曾在园所得到深入的研究与实践,无论是从教育内容、方法、手段上,还是教育创新上我们都积累了一些有益经验,时至今日,剪纸教育已经成为园所一套完整的课程体系。然而对于天津地域文化特色内容的挖掘与研究还处于初步尝试阶段,需要我们在传承中华优秀传统文化精神的引领下,继续深化、挖掘、探究,实现园所传统文化特色课程的整合建设。

二、研究的目标、内容、过程与方法

(一)研究目标

本专题研究的目标在于挖掘天津旅游文化中适合幼儿创意剪纸的内容与活动开展中的支持性策略,通过教师日常组织开展的多种形式的教育游戏生活活动,分析这些活动中哪些内容是幼儿发展所需要的,以及所展现出的幼儿发展价值与有效的支持性策略。本研究需要解决的核心问题有:天津旅游文化中适合开展幼儿创意剪纸活动的内容有哪些?教师设计组织活动时,可为幼儿的创造表现提供哪些支持?如何有效地运用相关的支持性策略?本专题以《3-6岁儿童学习与发展指南》精神为引领,以发展幼儿的社会性,促进幼儿的全面发展为目标,通过教学实践中有目的的研究探索,培养幼儿的社会情感和艺术表现与创新能力,提高教师的教科研的专业创新意识与能力,丰富并拓展中国传统文化园本课程体系,突出地域文化课程的时代性、创新性与整合性。

(二)研究内容

1.天津旅游文化在幼儿园创意剪纸活动中开展的内容选择策略

(1)根据幼儿的旅游经验选择主题内容,体现创意剪纸的生活性。

(2)根据幼儿的年龄特点选择主题内容,体现创意剪纸的情趣性。

(3)根据幼儿的发展目标选择主题内容,体现创意剪纸的挑战性。

(4)根据幼儿个性的需求选择主题内容,体现创意剪纸的层次性。

2.天津旅游文化在幼儿园创意剪纸活动中开展的支持性策略

(1)灵活运用教学方法的支持策略。

(2)创新运用剪纸材料的支持策略。

(3)选择性借助教学手段的支持策略。

(4)伴随积极家园合作的支持策略。

3.研究结论与思考

(1)利用地方旅游文化特色,培养幼儿艺术欣赏、表现与创造力。

(2)借助共学共研,提升了教师的文化素养与研究能力。

(3)在经验梳理与思考中,继续丰富了园本课程资源。

(三)研究过程

1.学习准备阶段(2016.9—2016.12):

拟定子课题方案,确定课题组成员。

进行相关理论与技能的共同学习。

讨论开展课题的具体工作。

2.研究实施阶段(2017.3—2019.3):

组织课题开题的研究会。

请专家、园长对参加课题研究的教师进行辅导。

根据研究方案启动课题研究。

根据课题方案,制定各阶段的课题研究计划。

定期进行教学研究,总结交流。

完成子课题的研究,撰写研究报告。

3.总结汇报阶段(2019.3—2019.6):

汇集材料,整理分析研究成果,撰写论文与研究报告。

(四)研究方法

本课题主要采用五种研究方法。

1.文献法:结合研究的课题,通过查阅文献,全面、正确地了解、掌握所研究的课题的水平与程度,为课题研究提供论证依据,提高研究效益与课题研究的创新性,避免研究中的重复。

2.观察法:主要采用以下两种观察的方法。

(1)有目的的观察:按照课题阶段目标、计划、在教育实践中进行系统地观察研究,做好观察记录,进行整理反思。

(2)随机的观察:在幼儿创意剪纸的各种活动中,随时随地地留心观察,及时捕捉幼儿创意剪纸中各种美的表现和创意,丰富教学组织的实践经验。

3.行动研究法:结合幼儿的年龄特点,将课题分成不同的子课题,在实际工作过程中,有课题承担人共同参与研究,针对研究中的实际问题,参与人共同商议,及时反思调整,保证课题的研究质量和成果经验的核心价值。

4.个案研究法:针对课题进行中某个幼儿、某年龄段的幼儿进行较长时间的连续观察,研究其行为发展的变化的全过程,并对事件进行全面的分析与研究,积累成果资料。

5.经验总结法:通过对实践活动中的具体情况进行归纳与分析,使之系统化、理论化,上升为经验,并将其提升到理论高度,进行经验的梳理与文字材料的撰写。

三、研究结论

(一)概念界定

1.天津旅游文化:指的是天津在旅游实践过程中所体现出来的本土地域

特色文化。它包括天津独有的哲学观念、审美习惯、风俗人情等。或者说，天津旅游文化就是天津的地域传统文化在旅游过程中的特殊表现。

2.剪纸艺术：剪纸艺术是中华民族文化宝库中的重要内容，是劳动人民直接创造或在劳动群众中广泛流传的艺术，它体现了人类最基本的审美观念和精神品质，具有审美、教育、认识、娱乐等多方面的功能。

3.幼儿创意剪纸：幼儿创意剪纸是以剪纸艺术的技法分类为线索，以贴近幼儿生活的事物，如小朋友喜爱的动植物、风景、人物形象为题材，通过欣赏作品和尝试制作活动，使小朋友初步掌握剪纸的基本方法和技巧，并能够进行大胆的表现与创造，体验创造和成功的乐趣。

(二)天津旅游文化在幼儿园创意剪纸活动中开展的内容选择策略

1.根据幼儿的生活经验选择活动内容，体现创意剪纸的生活化

我国著名教育家陈鹤琴曾提出："大自然、大社会都是活教材。"我们要充分利用各种教育资源，拓宽幼儿的生活和学习空间，走进幼儿生活，与幼儿共同融入大自然、大社会。因此，我们在主题活动开展中，充分利用天津旅游文化的现实生活环境，鼓励家长带领幼儿利用周末时间，走出家门，走进天津著名的旅游景区，去感受天津丰富的旅游文化，开阔幼儿对天津旅游文化景区的认知经验，拓展幼儿的创意空间，为开展主题背景下生活化的创意剪纸活动提供丰富的、有效的前期经验。

例如：在中班"杨柳青镇"主题活动进行过程中，恰逢元宵节，于是我提议家长们带着孩子去最有民俗味的杨柳青赏灯，在热闹非凡的杨柳青，一独特设计的灯笼将整条街"串联"起来，孩子们看到了各种各样的花灯，不仅有传统的玻璃花灯、宫廷灯、新式的电子花灯，还有很多孩子们最喜欢的新派卡通花灯，孩子们发现花灯有大有小、有高有低、有各种各样的造型、有丰富多彩的装饰图案，于是，顺理成章的，班里掀起了创意剪花灯的热潮，孩子们用轮廓剪、对称剪、二方连续灯剪纸技法，利用手工材料、废旧材料组合装饰，创意出圆形、方形、褶皱、蓝猫、熊大、汽车、小猪佩奇等等充满无限创意的作品。在整个活动中我看到了孩子的兴趣与热情、孩子的动手与专注、孩子的互助与合作、孩子的自信与快乐，这透露着一个与孩子生活经验息息相关的创意剪

纸活动设计,给孩子带来了发展与成长。

2.根据幼儿的年龄特点选择内容,体现创意剪纸的层次性

教育内容的选择应符合幼儿的年龄特点。在旅游文化主题背景下创意剪纸活动中,教师首先应该充分考虑到幼儿的年龄特点与认知水平,才能够在主题活动预设的过程中选择适合的内容和恰当的方法,支持幼儿在大胆操作中获得不断创作的欲望。

例如:小班孩子的创意剪纸内容是我们需要注意把握的,小班孩子由于年龄小,认知水平不够,情感体验、生活经验贫乏,手指力量较弱且不够灵活,因此,小班要从"撕"的表现开始,选择直观、色彩鲜艳、形象鲜明、幼儿喜欢、感兴趣的事物形象,这样能够一下子吸引孩子的目光,使其参与活动。在"意式风情街"的主题背景下,最吸引孩子的一定是意式风情街西餐厅里的美食,孩子们很喜欢这个话题,所以香香的鸡块、软软的薯条、长长的意大利面、五彩缤纷的比萨,都成了我们创意撕纸的游戏内容,老师在集体活动中提供了"撕"的技能经验,在角色区给孩子创设了西餐厅的环境,提供了孩子"制作"好吃的"食材",这不仅激发了孩子对生活的热爱,更培养了孩子发现美、表现美、创造美的初步能力,孩子们乐此不疲地在娃娃家、美工区制作着他们的美食,分享着各自的创意,每个孩子收获了一个他与西餐厅的故事。

3.根据幼儿的发展目标选择内容,体现创意剪纸的挑战性

幼儿的发展与教育目标的实现需要相应的教育活动加以支持,因此可以从确定的幼儿发展目标与教育活动目标出发,寻找、挖掘、创新相应的创意剪纸活动。同时,幼儿园的课程具有整合性的特点,从促进幼儿全面发展的视角,我们可以将创意剪纸艺术领域的"核心目标"与其他领域"核心目标"建立有效的连接,以此丰富旅游主题背景下创意剪纸活动内容的选择。

例如:在剪纸目标体系中,中班应"能熟悉地沿着轮廓线剪"。这一目标,在中班"我爱天津五大道"的主题背景下,我们就选择了五大道上各式各样的小洋楼开展创意剪纸活动,引导孩子们欣赏小洋楼不同的设计造型美,感受建筑艺术的变化带来的奇妙,激发孩子创意剪纸的兴趣。再如,《3—6岁儿童学习与发展指南》社会领域部分提出"活动中能与同伴分工合作,遇到困难能一

起克服"的行为表现,在大班"黄崖关长城"的主题活动中,围绕"合作能力"的目标开展创意剪纸活动,孩子们用创意剪纸的形式合作剪黄崖关长城,感受自己与同伴创意的不同,自己与同伴合作的力量,从而正确认识自己,懂得尊重他人,愿意与人合作。

4.根据幼儿兴趣需要选择内容,体现创意剪纸的趣味性

兴趣是最好的老师,幼儿感兴趣的事物中包含着丰富的教育价值,之所以我们总强调依据幼儿的兴趣选择教育内容,是因为我们可以从孩子的兴趣中获得独特的、丰富的教育视角与观点。杨柳青镇具有千年的文化底蕴,被广泛赞誉的是最有名的传统民俗特色——杨柳青年画,杨柳青年画中的福娃、小动物、吉祥物深受孩子的喜爱。所以,我们在进行创意剪纸的实践研究中,尝试将杨柳青年画与幼儿创意剪纸相融合来拓展内容选择口的创意价值点,在满足孩子的兴趣、追随孩子的兴趣中,使创意剪纸活动中孩子们的创造表现不断精彩呈现。

例如大班在杨柳青年画主题背景下,开展的欣赏《春牛图》活动,老师首先引导孩子进行画作的欣赏,孩子们发现牛可以卧在草地上,也可以走在小路上,还可以蹚过小河,姿态不同、造型各异;胖胖的福娃们可以骑在牛背上,可以倚在牛身旁,还可以赶着牛跑,同一个事物,孩子有着不同的理解与想象,并用自己独特的方式大胆地表现。孩子们还以创意合作法,一起探究、学习、互帮互助、共同创作,如:在组拼杨柳青年画《福寿三多》活动中,由三四名幼儿合作利用剪纸的形式共同来完成一幅杨柳青年画。通过互相协商,有的幼儿剪荷花,有的幼儿剪荷叶,有的幼儿剪桃子、剪蝙蝠,有幼儿负责为提前准备好的娃娃涂色。在孩子们互相配合、认真细致的组合制作后呈现出了一幅幅精美的富有创意的杨柳青年画。合作可以让孩子们产生更多的灵感,他们在不断地探索中,释放童心、自由创意、获得发展。

(三)天津旅游文化在幼儿园创意剪纸活动中开展的支持性策略

1.灵活运用情境教学法的支持性策略

情境教学法是根据教学内容设定和模拟真实情境,从而加深记忆和理解的一种教学方法。在开展旅游主题活动背景下,我们也有效地将情境教学法

运用到多种活动中,以通过游戏情境的创设,带孩子们融入情境中,体验学习、表现创造,既达到调动孩子参与活动积极性的目的,也能够支持孩子在具体的情境学习中获得丰富、深刻的学习经验。例如在中班在"古文化街"的主题背景下,最初对"天津三绝"的活动设计只是简单地对称剪,在研究过后,教师巧妙地将"天津三绝"等天津美食小吃与古文化街里的小吃一条街结合,创设了角色区中"小吃一条街"的游戏情境,将各个活动围绕着"古文化街小吃街"开展,引导图书区的小朋友制作美食图,引导美工区的小朋友剪制各种美食引导益智区的小朋友制作美食单、价目表,角色区的小朋友则兴致勃勃地扮演小店主招呼客人,他们还把剪制的小点心送给老师、同伴……他们用创意剪纸的形式剪制出了许许多多天津的地方特色美食、小吃,虽然孩子们的作品与实际事物相比可能不太完美,但正是这些独具特色的"不完美"的存在,才保护了孩子的想象力与创造力。

2.创新运用剪纸材料的支持性策略

在创意剪纸活动中,孩子能够积极愉快地参与活动,在活动中发挥主观能动性,这与老师所提供的操作材料有着密切的关系。如果我们提供的活动材料与操作方法一成不变、过于高结构,那么孩子很难会保持高涨的学习热情,相反,我们提供丰富、有趣、易操作的低结构材料,就会为孩子的学习与发展提供更大的空间,孩子们也会马上被活动材料吸引,自然主动地积极投入到活动中。因此,教师在提供材料时,不应只是着眼于内容本身,教师要对内容、材料进行研究分析,对孩子与材料间的互动进行把握,及时调整更新,通过材料的提供与更新,使创意剪纸的内容能够不断衍生出更多的表现与创意方法。例如在小班"意式风情街"主题背景下,创意制作比萨,如果教师只提供一种色彩单一、造型单一的比萨饼底,小班幼儿年龄小,注意力容易分散,那么孩子做着做着就会失去兴趣,因此教师可以每周推出一款新口味的比萨,逐一投放不同的材料,用材料来吸引幼儿,幼儿就会获得更有意义与价值的支持。

3.借助领域融合的教学手段的支持性策略

旅游主题背景下的主题活动具有明显的艺术领域特征,因此可以更多地满足与幼儿艺术领域发展的价值,但是从幼儿整体的发展而言,其不能够满足幼儿全面发展的需要,所以,在活动开展过程中,我们也充分关注这个问题,借助领域教学之间的优化整合,提成创意剪纸活动的教育实效,使其即满足于幼儿艺术发展的需要,又能最大限度地支持幼儿的整体发展。如:语言领域活动"五大道中的民园体育场",通过语言活动的开展,孩子们从中了解到民园体育场的发展故事以及民园体育场与我们生活的关系,民园体育场呈现出天津人丰富多彩的日常生活状态,孩子们对此感兴趣,因此,借助"情节创意",孩子们利用了两周多的时间,以创意剪纸的形式,分工合作,创意出了一幅孩子们眼中的民园体育场,从易到难,循序渐进,通过幼儿创意出的一幅幅剪纸作品,让我们看到了幼儿利用剪纸进行创意表现、在剪纸活动中发展幼儿创造力的多种可能性。

4.伴随积极家园合作的支持性策略

幼儿的健康发展、幼儿园课程的顺利进行,都离不开家园之间的通力合作。因此,在课程实施的过程中,要通过多种方法建立起与家长间的合作关系。如在活动开展之前,利用家长会讲座,把传承地域文化特色的教育理念与教育价值为家长进行解读,让家长能够感受到活动中蕴含着丰富的、多元的学习机会与发展价值。其次,利用家长开放日活动进行创意剪纸活动的展示,家长们在活动中看到幼儿积极的表现,不同的发展,通过家长积极的合作与支持,为孩子们提供了丰富的活动经验与成长空间。再次,让家长真正参与到活动中来,在平日进行活动中,利用班级微信群、365家园互动平台,及时发布活动信息与活动解读,调动家长参与的积极性,真实地感受、参与孩子的成长过程,同时,我们也开展家长助教活动,充分发挥家长的资源优势,鼓励从事相关工作的家长担任教师,结合真实的工作场景为幼儿讲解,丰富幼儿的认知经验。如我们邀请在天津文化中心工作的家长,为幼儿播放文化中心的宣传片,为幼儿讲解文化中心的历史、设计理念、功能等,使我们建立起的家园合作关系更为深入、有意义。

5.现代信息技术有效运用的支持性策略

随着现代信息技术的迅速发展,多媒体技术也越来越多地应用于各个领域,在更新教育观念、丰富教育手段、提高教育效率的前提下,我们也尝试将一些现代化的教育手段运用于日常的教育教学活动中。如白板技术在幼儿创意剪纸游戏活动的运用,教师不仅借助白板帮助幼儿欣赏剪纸作品,还将剪纸技能的学习过程录制视频并上传,让幼儿清晰直观地感受图案是怎样设计、表现出来的,为教师指导与幼儿的学习探究提供了很好的辅助支持。再如微信小视频的录制,能够帮助教师及时捕捉幼儿活动瞬间,为教师观察分析幼儿、撰写学习故事等提供了有效的材料支持。

(四)研究结论与思考

1.利用地方旅游文化特色,培养了幼儿艺术欣赏、表现与创造力

中华优秀传统文化教育是园所特色,在"深化中国传统文化教育的研究与实践"课题背景下,我们充分挖掘地方文化特色,将融于幼儿生活的天津著名旅游景区与基于幼儿园特色课程的剪纸经验相融合,目的是为幼儿营造传统文化的学习氛围,发挥教育的深层功能,通过对家乡文化的了解,增进了幼儿对家乡的认识,培养了幼儿爱家乡、爱祖国的情感;通过运用喜闻乐见的创意剪纸形式进行大胆表现,促进了孩子动作机能的发展,培养了孩子欣赏美、表现美与创造美的能力,同时,我们也看到每一次活动对孩子潜移默化的影响,感受到孩子学习与发展整体性的提高,为孩子的终身学习与发展做好启蒙教育,这正是我们开展传统文化教育的初衷与坚守。

2.借助共学共研,提升了教师的文化素养与研究能力

此课题是全园参与研究实践的课题,近一年的课题研究中,我们发挥团队的集体智慧,在共学互助、研究交流中使课题顺利开展。通过参与研究,老师们从传统文化素养、剪纸技能提升、建立活动内容与幼儿之间联系的能力上都得到了很大的提高。教育理念的转变,帮助教师能够从幼儿长远发展的角度进行实践研究,适宜的内容选择、灵活的方法应用、及时的关注反思、经验树立,都对教师实现教研实践能力的提升有很大的帮助,见证了教师在课题研究中的专业成长。

3.在经验梳理与思考中,丰富了园本课程资源

在课题的研究过程中,及时梳理经验,对课题的进展情况进行理论分析,

初步制定出完整的目标体系、筛选出适宜的教育内容、在实践中不断积累有效的教育策略,设计出不同年龄班多个教育活动方案,不仅站在传承文化的角度丰富了园本课程资源,也为课题下一步的顺利开展做好前期的经验铺垫,保证课题圆满结题。

参考文献

1.王炳照.中国传统文化与幼儿教育[J].幼儿教育.

2.王衍军.中国民俗文化[M].暨南大学出版社,2019.

3.朱莜断.中国传统文化[M].北京:中国人民大学出版社,2010.

4.左变霞.中国传统文化与幼儿课程整合研究[J].科教文汇,2007.

(天津市幼儿教育教学研究室天津市第七届幼儿园教育教学改革研究专题)

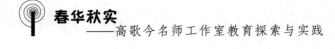

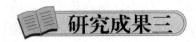
研究成果三

"运用电子白板提升幼儿阅读理解力的实践研究"
结题报告

马　娜　　李冬媛

一、问题的提出

近年来,我国在贯彻落实《幼儿园教育指导纲要(试行)》的过程中,教师、家长及整个社会对早期阅读的意义越来越重视,有关早期阅读方面的研究也取得了很多成果。在《3-6岁儿童学习与发展指南》(以下简称《指南》)中对幼儿的阅读目标设定为幼儿要"具有初步的阅读理解能力",可见阅读理解能力对于幼儿早期阅读能力的意义。

综合前人研究,我们发现,对阅读理解的探讨属于教育学、心理学领域研究的问题,其涉及学习的技巧、策略等多个方面,对于早期阅读阶段的幼儿来讲,观察、猜测、提问、阅读、评论、回顾等都是阅读理解的策略,而阅读理解能力可以视为幼儿在阅读图书的过程汇总,根据已有的知识经验对图画进行表征和解读,在此基础上形成对图画书内容的整体理解的能力。

随着计算机和网络技术的普及,交互电子白板作为信息技术环境下的教学系统,渐渐地走进了幼儿园的教育活动并发挥其独特的魅力。电子白板是一种优良的展示、演示的辅助工具。国外相关研究表明,交互式电子白板可以对课堂教学产生积极的影响,如提高学生的学习参与度、增强学生对教学内容的理解和掌握、增强课堂教学中的创造性和交互性,以及有效提升课堂教学的效果等。目前中小学研究教育电子白板的内容较多,在研究中提出了白板运用的交互性、可视性等优点,同时,也指出了白板运用中忽略学生学习的特点等问题。目前幼儿园运用白板技术促进阅读理解力的研究还很欠缺,本课题希望能通过实践研究弥补这一研究的空白。

目前,幼儿园运用白板开展教学活动也渐成趋势。电子白板的使用带来了多媒体教学手段的更新,对于激发幼儿的学习兴趣、丰富幼儿的感知经验有着显著的优势。然而,作为一种辅助教学的工具,教师在实际运用中存在着一些问题,比如过于重视形式化而忽略了教育的内涵,预设性强,缺乏幼儿参与的自主性等。同时,在提升幼儿阅读理解能力方面的研究非常匮乏。

由于白板能够增进幼儿在教育活动中的参与性、互动性,并有效调动其主动性,因此,在本次研究中,将着重探讨如何运用交互式电子白板有效提升幼儿阅读理解力。通过研究在幼儿阅读中电子白板使用的时机和方式,从而提升电子白板支持幼儿阅读的有效性,更好地吸引幼儿主动参与,增进其与阅读材料的互动,并整合幼儿已有经验,促进幼儿进行经验迁移,增进幼儿对阅读材料的理解程度,以更好地落实《指南》提出的阅读理念和目标,并真正发挥阅读之于幼儿发展的功效。

二、研究目标

基于已有研究成果的基础,通过对幼儿阅读活动中电子白板运用的实践探究,借助交互式电子白板的交互性、可视性、即时性、生成性等特点,研究者在前人研究的基础上结合幼儿阅读能力发展的规律和特点,发现并总结电子白板在提升幼儿阅读理解力中的有效运用的策略,以及进一步推进电子白板与幼儿阅读活动的深度结合,提高电子白板在幼儿阅读中的实效性,为教师提供电子白板在阅读活动中运用的实例,更好地发挥电子白板在阅读活动中的作用。

三、研究内容

本次研究希望通过具体的教学案例的设计和实施,总结出利用电子白板技术提升幼儿阅读理解力的教学经验,以帮助幼儿园教师更加有效地运用电子白板促进幼儿阅读理解力的提高。

1.了解影响幼儿阅读理解力的主要因素,以及电子白板在提升幼儿阅读理解力中的特点以及优势。

2.通过实践分析电子白板在阅读活动中的使用类型、频率等,并提出有效的运用策略。

四、研究方法与过程

1.文献研究法:加强理论学习,重点学习对电子白板在教学中运用的相关研究、幼儿阅读理解力的相关研究,收集文献资源,不断充实本课题的研究。

2.行动研究法:注重研究与行动的有机结合,不断反思电子白板在幼儿阅读中运用的问题,从而改进实践中的不足,指导阅读活动的开展。

3.经验总结法:针对实践活动中的具体情况,进行归纳与分析,使之系统化、理论化,力争上升为可操作的策略。

五、研究结论

(一)用交互式白板来提升幼儿的阅读理解能力

《指南》中提出了以幼儿为主体的现代教育原则,幼儿在与白板的互动中亲手操作,耳闻目睹,在自己寻求答案的过程中,观察力、思考力、想象力等各种能力都不断地发展,所以根据活动目标的设置,将利用白板设计出了适宜的教学策略和互动情境,使白板教学成为幼儿互动的平台,幼儿能够根据观察的画面大胆地表达,从而对文学作品有更深入的感受和理解。这样不仅培养了幼儿良好的倾听习惯,还能够吸引孩子走进故事,通过经验的调动、情感的参与,有效地完成了我们的目标,为幼儿提供了相互学习的机会。以大班阅读活动"我不知道我是谁"为例:

1.用交互式白板创设情境,活跃语言活动气氛,激发幼儿的学习兴趣。幼儿的年龄较小,无意识注意及无意识记忆不强,他们的学习活动常受直接兴趣所支配,因此恰当地运用交互式白板的功能,促进了语言教学活动的趣味性,提高了幼儿学习的积极性和主动性,在活动的导入环节,利用白板的聚焦功能,以聚焦图片的问题猜想方式引入,提出悬念,激发幼儿倾听故事的兴趣,以图书名称猜内容的方式,激发幼儿阅读的兴趣。

2.用交互式白板构建开放式的教学环境,有利于丰富幼儿的已有生活经验,使其进行大胆地表达、猜想,并利用特效增强幼儿的好奇心。利用白板技术丰富画面,有效地引导幼儿把握故事的结构、线索,让幼儿猜想,帮助幼儿进一步理解兔子这个角色的性格特点。

3.利用交互式白板中多幅画面的同时呈现及遮挡,来帮助幼儿梳理、把握故事的情节。利用白板遮挡的功能,给幼儿留有充分想象的空间,调动幼儿积极参与,感受情节的变化和故事的戏剧性,鼓励幼儿有不同的想法。

4.利用交互式白板,激发幼儿探索的欲望,促进幼儿与故事的互动、幼儿与幼儿之间的互动,更好地实现了师幼互动。

《指南》中指出,幼儿能根据故事的部分情节或图书画面的线索猜想故事情节的发展,并通过观察人物的表情变化体会人物的心情。本班幼儿的语言能力较强,在交互式白板的运用下,在阅读方面和细致观察方面有了很大的进步,能够根据画面进行大胆地表述,愿意和同伴分享经验。以《贪婪国王的生日礼物》为例,该故事构思巧妙,意味深长,探讨对欲望与孤独的困惑。即使物质条件再好,如果缺少了朋友的陪伴,孩子也快乐不起来。阅读这本绘本,引导孩子敞开心扉,多跟朋友互动交流,学会与朋友们分享,让孩子明白这才是真正的"富有"。通过交互式白板教学,孩子们能在故事的引领下,有所感、有所思、有所悟,从而运用语言表达自己的想法,这发展了幼儿的想象力、创造力、表达力。为了达成制定的目标并利用白板教学,我在活动过程中运用了以下几个策略:

1.利用交互式白板吸引幼儿的注意力,运用白板技术引导幼儿观察画面的细节

在活动中,利用白板中的放大及聚焦的功能,通过先后观察人物的表情,体会人物的心理变化和性格特点。如:放大并观察扉页中国王的表情,猜测这位国王是个什么样的人。观察国王收到礼物时的表情,体会国王的心理变化。通过运用聚焦的功能,让孩子的注意力集中在画面中隐藏的、不被发现的细节,引发幼儿重点观察画面,感受国王的富有及心灵贫瘠的落差。

2.利用交互式白板提升幼儿参与活动的积极性,对故事情节及发展进行大胆猜想

在语言活动中有效地利用交互式白板,能为故事带来神秘感,激发幼儿大胆积极地参与到活动中来。在活动中,我利用遮挡及橡皮擦的功能,激发幼儿结合自己的生活经验,大胆猜想小姑娘到底送给了国王什么礼物,如果是你,会送什么样的礼物?通过这一系列的问题,并在画面的特效消除后出现惊喜,在这样的反差中让孩子们体会国王收到小姑娘送的生日礼物前和收到礼物后的对比及情感变化。

3.利用交互式白板增加幼儿参与活动的互动性,通过情节的对比变化弥补幼儿的已有经验

利用白板功能中的分画面功能,出示对比画面,引导幼儿用语言表述出人物的变化,进一步体会国王感受爱后的心理变化和行为上的变化。当小姑娘送给了国王礼物后,国王由生气到伤心的这一情感变化,幼儿没有体会出来,我利用白板多幅画面逐一出示画面,幼儿在"国王为什么哭了?为什么国王收到了小姑娘送的礼物后会感到前所未有的恐惧?"这两个问题上更深地理解了国王在没有爱和第一次得到爱后的心理反差,在连续的观察中幼儿的生活经验的铺垫更加丰富。有效地帮助和提高了幼儿已有的阅读经验。

（二）电子白板在阅读活动中的使用建议

1.电子白板的使用频率需要适宜,避免操作过于频繁

我们在实践中发现,电子白板操作过于频繁,孩子会产生疲劳,反而在活动中无法集中注意力,所以,教师在阅读活动中需要注重电子白板使用的频率、方法,以更加适宜的电子白板技术支持幼儿的阅读。

2.电子白板的使用方法需要斟酌,避免过于依赖电子白板

在阅读活动中,我们会发现现实中有的教师过于依赖电子白板,忽略了电子白板的使用对于孩子不同年龄和学习特点的适宜性,有时会在人机互动中减弱了人与人之间的互动,或者因为使用方法的不当影响了幼儿阅读的连续性。

更多的时候,我们在阅读活动中需要不断思考所设计的电子白板内容是否符合幼儿年龄发展特点和学习特点，避免出现过度依赖电子白板的情况，并且尽可能多地充分挖掘电子白板的潜在的功能,调动孩子的参与性和积极性。

本次研究虽然告一段落,但是如何在阅读活动中运用电子白板提升幼儿阅读理解力还需要通过更多的教学案例的设计和实施来总结经验。希望我们不懈地探索和反思能够帮助幼儿园教师更加有效地运用电子白板,促进幼儿阅读理解力的提高。

参考文献

1.陈钢.交互式电子白板的特点及应用中存在的问题[J].中小学电教,2008(09).

2.陈曦.交互式电子白板的课堂应用研究[D].华东师范大学,2010.

3.付鹏飞,孟晓静.交互式电子白板系统的分析与设计[G].中国科技论文在线.

4.刘凤芝.巧用电子白板培养幼儿的阅读素养[J].学周刊.2013(16).

5.孙倩.基于交互电子白板的教学课例研究[D].华中师范大学,2011.

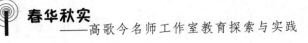

研究成果四

"利用绘本发展幼儿想象力的实践研究"结题报告

李金丽

一、本课题的研究意义及相关概念

(一)选题意义与价值

1.选题意义

爱因斯坦曾说:"想象力比知识更重要,它概括着世界的一切,推动着社会进步,并且是知识进化的源泉。"幼儿期是获得想象力的最佳时期。反思目前幼儿教育现状,我们发现仍然存在误区:在课程设置方面,对于幼儿记忆、思维理解、观察力等方面的内容占一定的优势;在途径方法上,仍然偏重艺术领域这一单一渠道对于幼儿想象力的潜能激发。针对以上现状,我们认为改变"重知识灌输、轻发挥想象"的幼儿园教育现状,呵护最纯真的天性,培养创造性想象的兴趣及能力才是教育的重点。

《3-6岁儿童学习与发展指南》中明确指出:"在阅读中发展幼儿的想象和创造能力,鼓励幼儿依据画面线索大胆推测,想象故事情节的发展,改编、续编或自编故事等。"绘本作为儿童"人生第一本书",通过有趣的情节、丰富的色彩、符号、构图以及衍生出的其他教育内容都能够使幼儿在阅读过程中欣赏美、感受美,从而产生愉悦的情绪,激发幼儿大胆的想象和再创造,得到心灵上的满足。

为此结合园所长期以来在绘本阅读以及环境教育的研究特色,我们提出了"利用绘本发展幼儿想象力"这一课题。希望能够通过研究,培养幼儿对阅读的兴趣,激发幼儿在欣赏感受中放飞梦想,自由想象创造,提高幼儿想象能力。

2.研究价值

本研究以绘本为载体,培养幼儿想象能力的指导方法与策略,试图通过研究探索幼儿一日生活学习的交互与融合,其中积累的经验,不仅为我们解决了本园幼儿想象力发展的问题,而且也能为开展类似学习方式的创新系统研究提供借鉴。

(二)核心概念界定

1.幼儿想象力

通过认识和感受生活中的声音、色彩、符号、标记以及学习文学作品、表演、美术等,重新组合加工,运用多种方式,将其变成自己心中新的画(形象)的情感体验。

2.绘本

借助不同形式的绘本,或绘本中相关画面的信息、线索和情节的发展背景以及其他相关内容,创设想象的条件和依托。

二、本课题研究的理论依据

(一)唤醒幼儿教育理论

幼儿通过与书籍的意义对话,从生命深处唤起沉睡的自我意识,解放心灵,促使幼儿的价值观、生命感、想象力、创造力全面发展,更好地把握儿童的心理特点,利用幼儿感兴趣的媒介或载体才能唤醒幼儿对于创造想象活动的兴趣和热情。

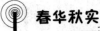

春华秋实
——高歌今名师工作室教育探索与实践

（二）蒙特梭利的儿童发展敏感期理论

蒙特梭利认为敏感期是幼儿的学习关键期,儿童发展就是建立在敏感期所打下的基础之上。3~6岁是想象力发展的敏感期,如果在这一时期对幼儿的想象力进行有效的引导和适宜的干预,那么在此阶段形成的想象力将对幼儿的成长起到重要的影响作用。

（三）《3-6岁儿童学习与发展指南》

《3-6岁儿童学习与发展指南》中指出,应在阅读中发展幼儿的想象和创造能力。其核心要点有三方面:第一,尊重幼儿天马行空的创意和想象;第二,创设让幼儿创想的机会和条件;第三,营造宽松的心理环境,使幼儿敢于想象与创造。因此,我们将绘本作为发挥想象力的载体,为幼儿学习方式的创新提供有利的条件,同时也为教师的教育提供有效的捷径。

三、课题研究的目标

（一）探索绘本与幼儿一日生活中想象力教育的结合点,促进幼儿智力的发展和提高。

（二）通过幼儿一日生活中绘本的有效运用,探索不同的想象力教育实践形式,开拓幼儿的学习途径,寻求适宜的指导策略,为幼儿提供创造想象的最佳形式。

（三）转变教师观念,提升教师的想象空间和实践反思能力,促进教师的专业成长。

四、研究方法

本项目研究以全园现有大、中、小年龄班级的幼儿为研究对象,根据不同的年龄班级,开展利用绘本发展幼儿想象力的系列活动,有步骤、有计划地逐步实施研究计划。包括文献分析法、行动研究法以及经验总结法等。

五、研究结论

坚持以利用绘本发展幼儿想象力的研究为导向,紧紧围绕绘本中独特结构在引发幼儿想象中的灵活运用,绘本情境在环境互动、游戏互动的延展中如何更好地支持幼儿想象,以及绘本外多元氛围对于丰富幼儿想象力的有效策略三个方面,积极开展实践探索性研究,努力加以实践验证和完善相关理论假设,取得了相关研究结论:

(一)活用绘本内的独特结构,多层次引发幼儿想象

我们在绘本教学时应该突破以往"单一"的课堂模式,从开阔的视角寻找隐藏在绘本不同结构中适宜想象的切入点,并灵活利用这些元素,从多个不同线索的寻找中刺激幼儿阅读的兴趣点,引发想象。

1.挖掘绘本封面的价值,唤醒经验,引发联想

直观有趣的封面能够唤醒幼儿的经验,引发幼儿大胆想象,从而对绘本的阅读产生美好的期待。比如:绘本《泰迪熊多多人间奇遇记》封面中呈现了一只有补丁的玩具熊,看到它的时候孩子们对于玩具熊的"伤口"产生了特别的关注,纷纷猜想多多在人间的境遇,孩子们的想象力被无限激发,带着对多多的关心与爱,孩子们走进了绘本。有的绘本在书名中设置了无限的想象空间,如《大卫不可以》《星期四要去哪里呢?》,引导幼儿结合自己的生活经验进行联想。还有一类绘本,像《一园青菜成了精》两个不同版本的封面对比,表现形态各具特色,教师可以通过提问:"如果你是作者,会怎样设计这本书的封面呢?"从而激发幼儿在美术创作中的大胆想象。

2.以绘本环衬激趣,使幼儿入情入境大胆猜想

绘本的环衬,大概是整本图画书里最容易被忽略的一页了。表面上看起来环衬只是书前、书后的一张纸,然而实际上其中暗藏玄机,有些内容与故事的主题相吻合,有些暗含着特别的情节,能够带给人意想不到的惊喜。比如:绘本《菲菲生气了》一书中环衬是红色的,象征菲菲生气时像火山一样的愤怒

情绪。我们会借助色彩调动幼儿生活经验,帮助幼儿理解环衬中传达情绪、烘托气氛的画页信息,让幼儿在感同身受中提高想象力。

3.凸显绘本的正文特色,使幼儿引发想象填补空白

一些绘本的设计者会根据情节需要别有用心地在绘本中出现"空白",刺激读者的想象。比如绘本《妈妈发火了》正文中大片的黑色激起了孩子无尽的想象,想象妈妈变成了黑色的旋风、吃人的魔鬼,想象小山掉到了悬崖下面、被魔鬼吃掉了、昏死过去了等,正所谓幽深的画面满足了幼儿无尽的遐想。此外,绘本中符号的呈现也帮助我们用想象来填补书中美好的故事细节,形成有趣的互动。如绘本《想吃苹果的鼠小弟》,当鼠小弟学着犀牛的样子撞苹果树时,通过观察小老鼠那变形的尾巴和鼻子,孩子们就能够想象到书中没有呈现出来的画面并且去想象、模仿,在表演互动中激发想象力。

同时,我们在挖掘绘本结构中的多元价值时,发现小班年龄段的幼儿主要是借助肢体来表达自己对画面的理解想象,封面中人物动作夸张、形象可爱的绘本更容易吸引他们阅读模仿的兴趣。对中班年龄段的幼儿来说,贴近生活经验、富于同理心的绘本结构,更易于引发联想、再造想象。大班年龄段的幼儿更加关注绘本细节,不同结构中的情节线索更能引发他们的独特想象,再造想象的创造性成分逐渐增加。

(二)延用绘本中的游戏情境,多形式支持幼儿想象

绘本中的游戏情境的沿用,摆脱了单一的阅读模式,将幼儿兴趣点通过多种形式与所表现的内容、主题、细节与生成游戏建立必要的连接,这对促进幼儿想象力发展是十分必要的。

1.由浅入深,在环境互动中萌生新的想象内容

(1)区域环境中对绘本场景的设计

园所中区域环境结合绘本《巴巴爸爸建新家》来创设,根据书中的人物、场景创设温馨有趣的区域环境,艺术之家中立体泥工、石头画等对于巴巴一家人物、房屋的塑造,诠释了幼儿对故事的再造想象和独特设计。建筑之家中启动了对巴巴一家房屋的建造工程,孩子们模拟绘本场景尝试连接一楼与二楼,以及在一楼两个房间之上建二楼的房屋,孩子们创造力和想象力得到了

提高。

（2）主题墙饰中对绘本主线的延展

在《小老鼠忙碌的一天》这本书中，我将绘本中的时间主线提取出来，将幼儿自己一天的活动用照片形式记录下来，张贴在迷宫主题墙饰中的不同角落，并和幼儿一起探讨："你们忙碌的一天都会做些什么？有哪些收获呢？"幼儿之间通过绘画故事接龙的方式进行联想和想象。后期幼儿自发开始利用绘本记日记的方式记录自己的一天生活。

2.以点带面，在游戏互动中支持幼儿创造表达

（1）在充满趣味的情节中扩展意象，激发创造性续编想象

绘本情节的独特性、趣味性能够唤醒幼儿的情感体验，激发新想象的产生，促进幼儿想象情节变得丰满，为幼儿续编想象提供思维空间。如读完绘本《月亮的味道》后，孩子们的想法五花八门，将续编作品变成表达的依据，不仅能够激发幼儿继续创编故事的兴趣，还能有效地促进下一次活动的开展。

（2）贴近生活经验的绘本，激发自制图书的创作灵感

绘本所讲述的故事，如果让幼儿产生同理心，那么情感上的共鸣更容易让幼儿将自己的直接经验与绘本阅读中所获取的间接经验相融合，从而创造出新的形象。如绘本《再讲一个故事吧》，小兔的举措唤醒了幼儿创作的灵感，有的幼儿和小兔一样从朋友那搜集素材再加工创造，有的幼儿则自己成为故事的主角，还有的幼儿和爸爸妈妈一同完成了游戏性很强的"捉迷藏"绘本、立体绘本等，满足和激发了孩子们的创造想象。

（3）巧借绘本中的绘画元素，提升创造想象的多样性水平

画中画是绘本《马修给洛贝画像》的一大特色，孩子们在名画创作过程中，以自己的想象赋予了作品更多的新元素：如主题人物的自主选择，突出不同行为、人物特色的个性化名称的作品，这体现了孩子们的再创性和对细节的关注。

可以看出，在沿用绘本情境，促进想象力发展的实践中，通过环境与游戏的互动，不仅能让幼儿对绘本内容有更加深入的了解，丰富情感体验，同时也在不同形式的创作中支持了幼儿想象与表达，从而提升幼儿想象力的水平。

(三)巧用绘本外的多元氛围,多渠道丰富幼儿想象

以绘本为依托,营造适合幼儿自主参与的多元氛围,将绘本阅读中的有形个体扩展成为无形的群体,通过调动幼儿多种感官,使其获得新的兴趣点与成长点,使幼儿的想象力得以进一步丰富与发展。

1."听"出新意,在互联互动中独创绘本形象

在大班我们利用网络开展"睡前绘本小达人"活动,一周后每人选一个本周群里最喜欢的绘本故事,并用绘画的形式进行投票。孩子们在听绘本故事中引发了丰富的想象,赋予了主人公不同的形象,每个幼儿的作品形象都是独一无二的创作,而非千篇一律的模仿。

2."玩"出新样,在材料互动中再创绘本情节

在制作小班区域材料时,我将绘本《好饿的毛毛虫》的游戏提炼出来,设计制作了相应的游戏材料投放到区域中,不仅使得材料与绘本交融,还能让幼儿在操作中进一步理解绘本,使幼儿的动手能力、想象力和创造力等都有所提升。

3."讲"出新颖,在同伴互动中创新绘本内容

图书区里的小手偶和话筒一直是孩子们的最爱,与此同时,我们也在不断寻求新的兴趣点和刺激点,以使幼儿的"讲"变得更为持久和深入。如在中班我们通过"书友会"定期让孩子结伴讲述绘本,2~3人一组,孩子们自定讲的形式,讲述过程中孩子们充分发挥想象,大胆讲述,各式各样的绘本故事层出不穷。

六、研究后的思考

在为期两年的探索实践中,我们发现绘本除了能引发幼儿想象的欲望、提升幼儿想象力水平外,更主要的是通过绘本结构、情境和氛围的有效运用,探索出了不同的促进幼儿想象力的活动组织形式,开拓了幼儿的思维,为幼儿提供了丰富想象力的最佳支持方式,同时帮助教师寻找适宜的指导策略,提升了教师的想象空间、创新能力和实践反思能力,促进了教师的专业成长。如何

优化幼儿一日生活中关于绘本的有效运用,让幼儿在游戏中获得情绪情感的满足以及各方面能力的提升将是我们继续探索的目标。

参考文献

1.[德]恩斯特·彼得·费舍尔.比知识更重要的是想象力[M].海南出版社,2018.

2.方素珍.创意玩绘本[M].浙江少年儿童出版社,2015.

3.教育部基础教育司.《幼儿园教育指导纲要(试行)》解读[M].江苏教育出版社,2002.

4.李季湄,冯晓霞.《3-6岁儿童学习与发展指南》解读[M].人民教育出版社,2013.

5.徐莉.未来课程想象力[M].华东师范大学出版社,2019.

(此课题为天津市第七届幼儿园教育教学改革专题研究批准立项课题)

"以区域游戏联动为平台,促进幼儿主动学习与发展的策略研究"结题报告

苟彩凤　　李　南

一、课题描述

(一)问题的提出

《3-6岁儿童学习与发展指南》指出,幼儿的学习是以直接经验为基础,在游戏和日常生活中进行。区域活动作为幼儿园一种整合性、游戏性的教育活动,其教育价值和发展价值更为凸显。因此,我们尝试创设一个丰富多样、多功能、多层次、具有选择自由度的活动区,让每个孩子主动参与其中,自主活动,满足不同幼儿发展的需要。然而,通过教师问卷调查、观察幼儿区域游戏等,我们发现区域游戏的开展存在这样一些问题:

1.幼儿选区缺乏自主性。在传统区域游戏活动中,常因班级容量大,各区域人数的限制 一些幼儿无法选择自己想参与的游戏,只能在老师调配下参加其他区的游戏。

2.幼儿游戏内容的拓展得不到满足。在区域游戏过程中,有的幼儿游戏的想法不仅仅局限于自己活动的区域,有拓展游戏范围和内容的意愿,但是拘于某些游戏规则,不能很好地满足自主游戏愿望。

3.幼儿解决问题缺乏主动性。如在区域游戏过程中,部分幼儿一遇到问题就向老师求助,或干脆放弃游戏,缺乏主动积极地去面对、想办法解决的精神。

4.幼儿独自游戏缺少互动。特别是在美工区、益智区的幼儿,更多的是关注自己眼前的游戏材料,独自游戏,缺少同伴间的交流与合作。

(二)课题研究的意义

区域游戏活动为幼儿提供了自我学习、自我探索、自我发现、自我完善的活动空间。我们通过教育实践,明确了幼儿在同伴间的学习中获得的经验、方法最容易内化为自身的知识结构。发挥幼儿间互动学习的潜能,使幼儿各出其力、各显其能,在与同伴的交往中获得学习方法,迁移学习经验,才能充分体现幼儿的主体地位。

选择开展"以区域游戏联动为平台,促进幼儿主动学习与发展的策略研究",就是为了让教师充分认识区域联动在促进幼儿互动交流学习中的价值和意义,通过探索区域游戏联动的方式方法与环境创设及材料投放的策略,归纳、梳理、总结教师在区域游戏联动中的指导策略,从而更加有效地促进幼儿的主动学习与发展。

(三)概念的界定

1.幼儿主动学习:指教师依据《3-6岁儿童学习与发展指南》的精神,在充分了解幼儿、了解宏观的教育目标以及活动可能出现的多种发展方向的前提下,尊重及呵护幼儿的学习兴趣,及时把握师生互动过程中稍纵即逝的教育契机,让幼儿自由地、主动地、愉快地去探索他们感兴趣的事物、现象或困惑的问题,去解决他们在真实生活中遇到的难题。教师在此过程中真正成为幼儿学习的支持者、合作者、引导者。

2.区域游戏联动:是指在各班级打破各区域界限,或者在幼儿园打破班与班的界限,根据幼儿的内在需要和空间的邻近性,进行区域间游戏的联合与协作,模拟社会的各种情境,让幼儿感受社会生活中的各种行为。

二、课题研究目标与内容

(一)研究目标

1.提高教师的教育教学研究能力,促进教师在区域环境创设、区域游戏联动的指导能力上的发展,形成有效的活动指导策略。

2.分析不同年龄班级幼儿适宜的联动内容,总结出行之有效的区域联动模式。

3.通过区域游戏的联动,提高幼儿学习的积极性、主动性。

(二)研究内容

1.挖掘区域游戏联动的教育价值,探索开展游戏联动显性和隐性的基本方法。

2.在实践中不断总结不同年龄段幼儿区域游戏联动的内容、指导策略等应遵循的原则和方法。

3.在区域联动中了解幼儿的兴趣喜好、发展优势与不足,并根据幼儿的发展状况制定适合幼儿个性发展的指导策略。

三、课题研究对象、方法

1.研究对象:本园全体幼儿(小、中、大班)。

2.研究方法:调查法、观察法、行动研究法等。

3.研究的重点、难点、创新之处:

重点:创设促进区域联动的环境,通过教师的隐性指导,为幼儿的主动学习与发展提供帮助。

难点:教师应鼓励幼儿依据自己的生活经验与认知理解,去主动选择自己喜欢的活动,并能在遇到问题时主动寻找解决的途径。

创新之处:尝试打破班级区域之间的封闭、独立现状或打破班级之间、年级之间的界限,对班级内区域或班级之间的区域进行联动,而且以模拟社会情景的生活化方式开展研究。

四、主要研究工作：

(一)完善课题研究网络

1.机构设置:成立"以区域游戏联动为平台,促进幼儿主动学习与发展的策略研究"课题组,确定课题组负责人及成员。

2.人员分工:对课题组成员进行分工,主要有课题策划和组织、理论研究及资料收集整理、课题研究策略的具体实施等。

(二)了解教师开展区域游戏的现状和想法

采用"教师问卷""环境互学"的形式,分析汇总区域游戏开展中的现状和问题,为制定与调整研究措施提供相应的事实依据,为课题的顺利开展奠定基础。

(三)夯实研究的理论基础

通过组织专题学习、集体研讨、个人反思等活动,更新教师观念、提高教师的理论水平、提升研究理性。

(四)构建各班级、平行班、混龄班之间的联动游戏内容,创设游戏环境

根据各班幼儿年龄特点及兴趣、需求,积极创设、构建适合本班幼儿的联动游戏内容,不断完善游戏环境、丰富游戏材料。在各班级联动游戏逐渐深入开展的过程中,平行班之间、混龄班之间开始构建适宜的联动内容,以扩大幼儿游戏范围、提高幼儿交往能力,促进幼儿主动学习与发展。

五、课题研究的成果

(一)明确了区域游戏联动的价值取向

不同年龄的幼儿根据其不同年龄特点、学习特点及身心发展水平的不同,在游戏中表现出的需求也有所不同。

小班幼儿刚刚离开父母的精心呵护,来到幼儿园这个陌生的环境,他们需要一个安全、温馨的活动环境和丰富有趣的游戏材料激发其对幼儿园的喜

爱之情,从而缓解分离焦虑,从内心接受幼儿园的生活,并从中获得学习与发展。因此,在考虑小班区域游戏联动的价值取向时,我们更加注重幼儿情感上的体验,让幼儿感到愉悦、快乐,为以后中大班的主动、自主学习奠定情感基础。

中班幼儿经过一年的小班生活,情绪已经比较稳定,有了更多的学习欲望和探究欲望。他们活泼好动、喜欢探索;在与同伴游戏中逐渐学会交往,学会分享;他们在集体中行为的有意性增强了,有了最初的责任感;他们在游戏中能够提出自己的想法,并且主动参与其中,努力去完成自己感兴趣的活动,表现出极大的积极性与主动性。因此,学习欲望的满足、交往能力的提高、责任感的培养、游戏热情的释放、游戏能力的提升便是中班开展区域游戏联动时需要考虑的重要内容。

大班幼儿无论是在认知水平、技能、个性和社会性发展的程度上都有可能实现"自主"的条件和素质,而在大班区域游戏中,环境的创设、材料的提供、包括进入区域的"节奏"、区域的整理、规则的遵守等都自主性较强。所以我们希望借助区域联动这一"开放的""自主""互动"的平台来养成、提升大班幼儿更高层面的"自主"。

总之,不管是小班、中班幼儿还是大班幼儿,开展区域游戏联动最重要的一个价值取向就是让幼儿在情感上是愉悦的,在态度上是积极的,在行为上是自主的。三个层面在不同年龄段幼儿区域游戏联动中都应该有所体现,三者融为一体,但根据不同年龄段幼儿发展水平的不同,又各有侧重。

(二)找到了区域游戏联动的切入点

区域活动要进行联动,需要一个内在核心点将各个区域活动联结起来。角色游戏是幼儿根据日常生活中的情节、内容和角色,通过语言、表情和动作创造性地反映现实生活的一种游戏,角色游戏贴近生活,易于开展,无处不在。它融想象、创造于一体,能满足幼儿向往、想象、模仿和实践的心理需要,对幼儿主动性的发展起着不可低估的作用。因此,我们觉得角色扮演是开展区域联动游戏很好的切入点。然而现实生活中有如此多的角色,什么样的角色扮演才是适合的选择呢?它需要满足三个方面的特点、要求:

1.满足幼儿的兴趣需求

兴趣是最好的老师。通常情况下,幼儿选择的活动就是他们感兴趣的、发自内心喜爱的活动,这是他们成长发展需要的体现。因此,教师要善于观察幼儿感兴趣的事物并且耐心等待,寻找到幼儿的发展需求,从而选择合适的方法并给予支持。

比如小班幼儿最直接、最丰富的生活经验就是家庭生活经验。因此,"娃娃"便是幼儿最感兴趣的事物,"娃娃家"则是小班最适宜的角色游戏主题。中班幼儿开始对一些反映社会关系的主题感兴趣,比如"超市""理发店""甜品屋""餐厅"等。大班幼儿生活和知识经验更加丰富,因此他们在开展角色游戏时,更多地体现社会关系,比如"服务中心""新闻播报""大剧院""小学校"等。

2.符合幼儿的游戏水平

小班幼儿处于独自游戏、平行游戏阶段,喜欢模仿别人。因此,在区域游戏联动中,我们主要采取了邀请小班幼儿到中班"餐厅"吃饭、到大班"大剧院"看戏,或者中大班幼儿到小班去参加"超市促销""演出"等活动,让小班幼儿在观赏、模仿、参与中扩大游戏范围,促进幼儿间的交往,丰富小班幼儿游戏经验。

中班幼儿由于认知范围的扩大,游戏内容、情节比小班幼儿丰富,处于联合游戏阶段,有了与别人交往的愿望。因此,中班的角色游戏主题除了"娃娃家"外,出现了"超市""餐厅""甜品屋""印染作坊""加工厂"等,以这些角色游戏为支点,实现了各区域的互动联系。

大班幼儿游戏经验相对丰富,在游戏中能主动反映多种多样的生活经验及较为复杂的人际关系,处于合作游戏阶段,在游戏中自己解决问题的能力增强。因此,我们在大班创设了一个模拟的微型社会情境,包括大剧院、建筑馆、科技馆、休息区、美术馆、服务中心等。

3.贴近幼儿的现实生活

首先,角色游戏环境的创设要体现生活,贴近幼儿的生活经验。比如在创设环境时,需要什么材料,布置成什么样子,我们都会让孩子们根据自己的生活经验进行讨论,最后达成共识。其次,角色材料生活化,比如在"超市"游戏

中,孩子们和父母一起收集废旧日用品、盒子、玩具等,并将其摆放到超市货物架上,为幼儿营造出一个真实的游戏环境,激发幼儿的游戏兴趣。再次,角色游戏内容生活化。我们选择的角色游戏内容都是幼儿生活中常见的或是经常体验的生活内容,比如超市、餐厅等。

(三)拓展了区域游戏联动的形式和内容

在观察幼儿的区域游戏中我们发现,由于幼儿游戏水平的不同,单一的活动区或者班内的区域游戏活动设置已经不能满足某些幼儿对游戏内容拓展并自主游戏的愿望。因此,需要教师改变原有的区域游戏设置模式,探索适宜幼儿发展、能够满足幼儿自主游戏愿望的游戏形式和内容。对此,我们做了以下尝试:

1.以班级为单位的区域游戏联动

课题研究初期,我们主要以班级为单位探索了适宜本班幼儿的联动游戏内容。比如中(一)班以餐厅、超市两个角色游戏为切入点,将班级其他区域如美工区、建筑区、陀螺屋、益智区等联动起来。餐厅需要盘子、食物可以到超市买,超市如果没有,需要到美盘加工厂进货。或者餐厅直接向美盘加工厂下订单,请他们制作。陀螺屋制作的陀螺可以卖给超市,超市也可以根据顾客需求,要求陀螺屋制作订单上的陀螺样式,实现双向互动。建筑屋搭建幼儿园的过程中,需要大树、玩具、汽车、路灯等辅助材料,可以上超市购买,从而推动超市与美工区的再次联动,让美工区幼儿绘画或者制作。这就是班级内各游戏区之间的互动联系。

2.平行班之间的区域游戏联动

随着课题研究的深入,各班级的区域联动游戏开展得十分热闹,并且深受幼儿喜爱。孩子们沉浸在各种角色扮演和完成角色任务的快乐中,而且不断地繁衍出更多的游戏内容和需求,这就需要更多的资源和更为广阔的交往空间。因此,在幼儿已经有了初步的游戏联动技能经验的基础上,我们开始尝试平行班之间的区域联动游戏。

比如,中(二)班娃娃家的幼儿带着宝宝去中(一)班的餐厅就餐或超市购物。这打破了班级娃娃家因资源缺乏而受到的游戏局限。又比如中(一)班的超市需要卖各种食品,可以去中(二)班的甜品屋定做蛋糕、甜甜圈等,在这个过程中,中(一)班幼儿需要计划超市里需要多少蛋糕、多少甜甜圈,然后制作订单。中(二)班的幼儿需要按照订单的数量、日期制作出相应的物品。这样的联动,提高了幼儿思考问题、解决问题的主动性和积极性,对幼儿主动学习起到了不可估量的作用。

3.不同年龄班之间的区域游戏联动

不同年龄班之间的区域游戏联动,不仅仅是模仿,幼儿更多的是游戏主体。幼儿可以根据自己的年龄特点和发展水平,选择适合自己的角色及游戏任务,幼儿与幼儿之间更多的是合作关系。比如大班美术馆的幼儿可以将自己的手工艺品拿到中(一)班的果果超市去卖,挣得的"钱"可以再去参加其他馆的游戏。又比如中小班的幼儿可以去大班的"大剧院"观看木偶戏或者童话剧的演出,大班幼儿也可以到各班去"巡演"。在这个过程中,有的幼儿扮演着演员的角色,有的幼儿扮演着观众的角色,各自都是游戏的主体。

4.区域游戏与主题活动的联动

区域游戏与主题活动的联动包含两个方面的内容。一是主题活动与区域游戏互补促进联动。比如主题活动"各式各样的盘子",通过主题活动的引领,幼儿了解了盘子的装饰特点、设计纹样、装饰元素等。为了给幼儿充分提供设计、装饰等创造、表现的机会,我们在美工区投放了装饰盘子的材料,幼儿在参与美工区盘子装饰的过程中又丰富、完善了对主题活动中盘子的认识,同时也为超市餐厅购买盘子提供了支持,从而奠定各区联动的基础。二是主题活动为区域游戏联动的顺利开展奠定经验基础。比如为了让幼儿对各种社会职业角色更明确,中(一)班还开展了"走,上班去"的主题。在主题中幼儿应先了解爸爸妈妈的职业角色,然后再扩展到周围人的各种职业角色,再激发幼儿自己想要扮演什么职业角色的愿望,为以后的角色扮演提供了支持。

(四)准确定位了区域游戏联动中教师的角色

众所周知,教师是幼儿学习活动的支持者、合作者、引导者,是幼儿活动的"催化剂"。因此,虽然区域游戏联动是一种开放、宽松的游戏活动,但同样不能忽视教师在活动中的地位和作用。相反,要有效地进行区域游戏的联动,

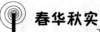
需要我们准确地定位教师在其中的角色。

1.环境的创设者

我们知道环境是重要的教育资源,应通过环境的创设和利用,有效地促进幼儿游戏的进行。什么样的环境才是有效的呢?教育目标的指向、年龄特点的把握以及促进游戏联动的指引,都是教师需要认真考虑的。对此,我们采用了固定与灵活设置相结合的方式,每个班级有相对固定且各不相同的区域供班级间的联动,又根据各班幼儿自己的需求和发展水平灵活设置其他区域游戏。这种具有选择自由度又各不相同的区域,给予每个幼儿自由选择的机会,并根据自身的方式进行学习。比如中(一)班有果果超市、美盘餐厅、陀螺屋、美盘加工厂,中(二)班有妮妮小屋、甜蜜家族、创意美劳、小小建筑师、天天书吧,大班有大剧院、科技馆、新闻播报站等,这些区域既是各班固定的游戏,又可以供各班级之间进行游戏的联动。

2.材料的投放者

皮亚杰提出:"儿童的智慧源于材料。"区域活动的教育功能主要通过材料来表现。那么,如何投放材料才能促进各区域游戏的联动呢?

我们主要采取了增加和减少材料投放相结合的方式来促进游戏的联动。当幼儿有联动需求时,我们投放相应的材料给予支持,比如美盘加工厂要制作食物,我们投放了粘土和家长制作的食物范例。美艺加工厂要制作环境装饰品时,我们投放折纸、剪窗花等需要的手工制作材料。当观察到幼儿在一段时间内都没有游戏联动时,我们通过减少材料的方式推动其游戏的发展。比如美盘餐厅游戏刚开始并不需要盘子、食物,因为他们直接用老师投放的现成的盘子,食物也有现成的,因此他们没有与其他区进行更多的互动。观察到这一现象,我们分析原因,寻找对策,通过减少盘子的投放和现成食物的投放,为餐厅的游戏设置障碍,促使幼儿想办法去解决,从而推动餐厅与超市、美工区等的联动。

3.游戏的促进者

(1)在观察中了解幼儿游戏情况

在游戏中,幼儿是否有联动的行为或表现?联动的主题和情节如何?在实现联动游戏过程中是否存在困难?幼儿情绪如何?教师有了这些观察,便能及时发现不能参与到游戏中的幼儿或低落、或焦急的心情,才能及时介入游戏,发现游戏中的困难,最后才能给予适宜的指导,提供适宜的支持。

(2)把握时机,恰当引导,为幼儿主动学习提供帮助

在区域游戏活动时,当幼儿出现困难时,教师不应急于介入,而是给予一定的等待时间,尽可能让幼儿自己通过尝试、操作解决问题。同时,教师在发现情况时,要以适当的方式不露痕迹地促进幼儿主动学习与发展。

A.隐形指导:教师可以用游戏行为、语言或材料暗示幼儿,促进幼儿游戏的进行。

例如:在餐厅游戏中,餐厅已经坐满了客人,涵涵小朋友站在餐厅门口不知所措。教师发现后便以"客人"身份问餐厅服务员:"可以打包带走吃吗?"服务员说:"可以啊,您需要吃什么呢?"于是教师点了两份菜,打包带走了。涵涵小朋友看到可以打包,于是她也让服务员为自己打包了一份西红柿炒鸡蛋和比萨,然后高兴地离开了。

在隐形指导中,教师以自身的游戏行为,让幼儿意识到去餐厅不仅可以在座位上吃,还可以带走吃,这就扩大了幼儿参与联动游戏的机会和经验。

B.问题引领:以提问的方式向幼儿提出游戏挑战,提高游戏的联动水平。

例如在陀螺屋与超市联动中,幼儿游戏情节简单,没有进展。发现问题后,老师及时向幼儿抛出问题:"超市的陀螺有人买吗?""为什么没人买?你们向顾客介绍了新引进的陀螺吗?""怎么让顾客了解陀螺玩具,喜欢玩,想要买呢?"通过一系列问题引领后,超市"售货员"向顾客介绍起陀螺,并以买一赠一的方式积极推销,顾客也开始注意到陀螺的存在,纷纷购买。

中班幼儿由于游戏经验和水平有限,更需要老师的支持和引导,为他们在原有水平上提供帮助,这样才能不断产生新的游戏联动内容,丰富游戏联动的经验。

4.经验的梳理者

幼儿通过区域游戏联动会获得各种各样的体验和经验,也会遇到不能解

决的各种问题和困难,这就需要一个环节对幼儿的体验经验进行梳理,对问题进行探讨。区域结束后的讲评环节便是帮助幼儿梳理经验、共享成果、体验成功的一个过程。高质量的评价共享,可以有效地推动区域活动的发展。在实践中,我们主要从幼儿情感激励、问题讨论、经验共享等方面进行引导。比如让幼儿在集体面前介绍自己参与联动游戏时的收获和体验,激发其他幼儿的兴趣;引导幼儿在讨论中共同研究解决游戏过程中遇到的问题和困难,帮助幼儿梳理出游戏的有效经验,衍生出新的游戏规则等;经验的共享,能够帮助其他幼儿获得类似的经验,提升游戏的水平。

六、下一步研究方向

该课题主要研究了教师如何把握区域游戏联动的价值取向及促进区域游戏联动的指导策略,主要是从游戏目的、方式方法上进行了实践研究,对游戏效果的评价方面还需要进一步研究,从而以有效的评价模式和手段帮助教师更好地开展区域游戏联动,更加有效地实现幼儿学习的主动性、积极性。

参考文献

1.北京师范大学教育系.幼儿园游戏指导[M].北京师范大学出版社,2009.

2.冯晓霞.幼儿园课程[M].北京师范大学出版社,2001.

3.刘焱.儿童游戏通论[M].北京师范大学出版社,2004.

4.石敏.在游戏中培养幼儿的主动性[J].《剑南文学(经典教苑)》,2012-11-25.

5.汪荃.幼儿园游戏课程模式[M].中国妇女出版社,2003.

6.杨丽珠、吴文菊.幼儿社会性发展与教育[M].南京师范大学出版社,2000.

(此课题获天津市第五届幼儿园教育教学改革专题研究一等奖)

研究成果六

"幼儿园指导家庭开展亲子绘本阅读的有效策略研究"结题报告

李 蕊

一、问题的提出

亲子阅读是早期阅读的重要组成部分,也是近年来幼儿教育广泛应用的一种阅读方式。所谓亲子阅读,就是父母与幼儿一起阅读。亲子阅读是一种强调亲子间互动的特殊阅读方式,在家长和幼儿共同欣赏图画、讲述故事、解答疑问并引导孩子积极思考的过程中,使幼儿的阅读能力尽快提高,丰富他们的阅读经验,同时在父母参与阅读的情况下,孩子不仅仅能得到阅读能力的培养,更重要的是,父母和孩子在阅读中建立起来的情感交流,是孩子成长中最需要的营养。任何人也代替不了父母所能给予孩子的爱,正是这种爱让孩子在人生的最初感受到了阅读带来的幸福,并让其一生爱书。亲子阅读对幼儿健全发展具有特殊的意义。家长对阅读方式和图书的选择,直接影响亲子阅读的效果。在现今的家庭亲子绘本阅读中,家长没有改变对原有图画书的认识,更注重知识与实用性,在阅读中更趋向小学化的教学方法,不会将绘本阅读与戏剧、游戏、手工、舞蹈、音乐等联系,过于重视实用性,忽略激发幼儿学习能力的必要性,同时在亲子阅读过程中喜欢"拷问"幼儿,缺乏倾听式对话,而亲子绘本阅读的核心就是沟通交流。因此,作为教师我们应转变家长的观念,从注重知识与实用性向注重幼儿情绪情感与思维的发展转变,挖掘潜在能力,促进幼儿全面发展。无论是共读还是自读,都要求父母与幼儿双方积极参与和互动。培养幼儿的阅读兴趣与阅读习惯,发展幼儿的观察力、想象力,从而培养他们的理解和表达能力,为幼儿的早期书写和书面语言水平打下基础。同时通过亲子阅读的特殊形式,营造和谐的亲子关系,增进亲子交流,促进幼儿全面发展。

二、研究的目标、内容

(一)研究的目标

1.探索适宜于普及与落实《3–6岁儿童学习与发展指南》精神中关于指导家庭开展有效亲子绘本阅读的策略。

2.开展有利于提高亲子阅读的有效性的策略研究,以及搭建家园互动的高效阅读平台,实现家园有效互动,探究其有效性,以为提升教育的质量,促进教师的专业化发展,促进《3–6岁儿童学习与发展指南》精神在教育上的进一步落实。

(二)研究的内容

1.理论层面:了解亲子阅读的现状,明确亲子阅读存在的问题、困惑并以此为据,探明问题,并进一步明确在《3–6岁儿童学习与发展指南》背景下指导家庭开展有效亲子阅读策略研究的核心目标。

2.实践层面:在理论认识的引导下,开展多种形式亲子阅读实践活动,明确探究实现有效亲子阅读的指导策略。

三、研究的方法与过程

本研究以在园 3~6 岁幼儿为对象,综合运用行动研究法及文献分析法,探讨以落实《3–6岁儿童学习与发展指南》精神为目的的幼儿园指导家庭开展有效亲子绘本阅读的策略研究。研究过程呈"计划→实践→反思→结论"的螺旋式上升。

1.研究分析阶段(2017年9月—2017年12月)

阶段目标:明确家庭在亲子阅读中的问题和困惑,明确教师在指导绘本阅读中的问题,探明课题研究的重点。

2.行动研究阶段(2018年1月—2019年4月)

阶段目标:明确有利于落实《3—6岁儿童学习与发展指南》精神的提高家庭有效亲子阅读的实践策略,并探索教师指导家庭进行亲子阅读的有效途径、方法。运用文献分析法梳理现有的有效开展亲子阅读的方式;以理论认识为指导,初步明确与本研究价值取向相宜的提高亲子阅读质量的有效策略;开展不同形式的研究工作。

3.全面总结阶段(2019年5月—2019年12月):系统分析、整理课题研究资料,总结课题研究成果;撰写研究报告;做好结题工作。

四、研究结论

《3—6岁儿童学习与发展指南》明确提出激发幼儿的阅读兴趣、培养阅读习惯,是幼儿教育的一项重要内容。但是现实生活中,家庭中的亲子阅读往往会出现硬塞知识给孩子的现象,结果导致孩子对阅读缺乏兴趣,甚至产生恐惧心理。其实阅读不是为了学习某个知识,而是给孩子一种心灵熏陶,重要的是让他们慢慢地喜欢上书。绘本是一本书,是孩子进入阅读世界的一扇门,绘本运用一组图去表达一个故事,或描绘一个奇妙的世界。

(一)用平等的态度尊重孩子的选择

阅读是幼儿通过书籍自己去了解世界的一种方式,是幼儿自主学习探究的一种行为,更是一个主动学习的过程,而在这个过程中,幼儿的选择就成了首要的考虑,作为家长,应该耐心地去倾听幼儿自己的想法,要把"我想让你读什么"的观念转变为"你要我陪你读什么"的思考。

1.明确亲子阅读的价值

亲子阅读是在轻松自然的氛围下,以书为媒,以阅读为纽带,让孩子和家长共同分享多种形式的阅读过程。当家长与孩子相互依偎着讲述图画书上的故事、欣赏图片时,孩子和家长的身体贴得很近,孩子能够感受到家长的气息和心跳,获得安全和温暖,家长在和孩子共同欣赏图书的过程中,走进孩子的内心,倾听他们的想法,了解孩子的阅读能力和思维发展水平,与他们一起学习、成长,分享阅读的感动和乐趣,亲子阅读能够增加家长与孩子沟通的机会,有效提升亲子关系。

2.学会筛选适宜的绘本

市场上的绘本五花八门,怎样为孩子筛选图书呢?针对这一问题,我们进行了一次调查问卷,50%的家长是很有主见的,他们根据自己的想法帮孩子选择图书,所选的书大多读起来有很深的教育意义。但是在阅读的过程中,也只能是"我讲你听",毫无互动,往往是在"这个故事的道理你明白了吗?你记住了吗?"中结束,孩子一点儿也不喜欢,花了大价钱购买的书籍被束之高阁。30%的家长是盲目地跟随,认为专家推荐什么,什么就是好的,别人家的孩子读什么我们也要读什么。例如一位小班幼儿的妈妈和我说:"孩子平时最喜欢翻翻书了,我看洋洋妈妈给洋洋买了一套"揭秘系列"的图书,有很多翻开的画面特别好,我也给孩子买了一套。这套书每本都揭秘一个事物或者场景,结果我给他讲他没耐心听,要不就随便地翻翻就扣上,不好好看。"我们都知道揭秘系列的书确实很不错,但是孩子刚刚上幼儿园小班,他的发展水平还不能让他坐下来听妈妈慢慢讲,自己细细地翻、静静地听。也许洋洋小朋友从小在家就被妈妈带着看书,他已经发展到了可以和妈妈一起翻看一会儿的水平。不能因为别人看了很好,就给孩子买一样的绘本,当然妈妈也观察到孩子很喜欢翻翻类的书,也是看到"揭秘系列"符合孩子的爱好才买的。符合爱好为什么不看?其实这都是家长的主观判断,家长觉得孩子会喜欢,但没有真的问孩子是不是喜欢。这种盲目地跟风无法让孩子真正爱上阅读。只有13.4%的家长在购买图书的时候会征求孩子的意见,但是往往都只重表面,忽略内容。

究竟怎样才能选择一本适合于幼儿的绘本呢?幼儿教育工作者一般会告

诉家长:"选择符合幼儿年龄特点、富有童趣的绘本。"但是什么才是适合幼儿年龄特点的绘本呢?怎样才叫作富有童趣的绘本呢?一般来讲,从年龄上考虑,3~4岁的幼儿基本是不认识文字的,画面就是他们读懂图书的唯一途径,色彩丰富、人物熟悉,画面变化简单的图书一定会吸引他们,例如《好饿的小蛇》。4~5岁的幼儿则可以选择以生活环境和朋友交往为主题的绘本,例如《蚂蚁和西瓜》。5~6岁的幼儿则可以选择情节丰富、富有趣味性和转折性的绘本,例如《小猪的幸运一天》等。在选择的过程中,作为家长也要充分考虑孩子的性格、性别等因素。

当家长选择不好、拿不定主意时,不妨把书交给孩子,让他们看一会儿,家长在一旁耐心地观察一下,孩子们从最初的粗粗翻阅到对某一页或是某一情节反复地翻看,抑或是拿着这本书不停地向家长提出问题,这其实已经证明,这是一本适合孩子的图书了。找到了一本幼儿喜欢的图书,才能在与他共同阅读的过程中,激发幼儿的阅读兴趣,慢慢培养幼儿良好的阅读习惯,从而开启一段具有意义的亲子阅读旅程。

3.留出固定时间进行亲子阅读

家长们白天忙工作,晚上忙家里,生活无时无刻不在忙碌,亲子陪伴时间可能被挪来挪去。亲子阅读很重要,可以在睡前进行,或者什么时候都可以。尊重孩子要以平等的态度认真对待。将亲子阅读列为一日生活计划不可更改的一部分,固定时间制造读书的安静氛围,真正专注地开始亲子阅读。当这个习惯养成了,可以微调时间,可以在图书馆、在郊游时、在书店随时想读就读。只要和孩子在一起,一起分享交流绘本内容,或者角色扮演都能达到阅读的效果。

有位妈妈每天送儿子上幼儿园,在路上就会和儿子边走边扮演昨天读的绘本里的角色,小朋友来到班级还沉浸在情境里。有时母子俩到了幼儿园还没有演完,就在我面前把最后一点表演结束,我想这样虽不是拿着一本书端正地阅读,但是却达到了亲子阅读最好的效果。

(二)绘本阅读重在阅,轻在读

1.仔细观察画面,陪伴幼儿理解美术语言的意义有一套无字书是关于一只小老鼠的故事,全书没有一个字,但是内容很丰富,每一页画面都与下一页相联系。有时候小老鼠会从这一页钻到下一页。还有一本全图绘本《蚂蚁和西瓜》,小蚂蚁是孩子们非常熟悉的形象,小蚂蚁和大西瓜产生了强烈的对比,全书文字很少,画面简洁,典型的用图讲述故事,画面细节丰富,留给孩子们广阔的空间去想象,但是作为大人的我们很多时候却是"图盲",我们不理解美术语言,会错过重要的信息,反而是孩子会观察得很仔细,他们会看见小蚂蚁细微的动作变化,会猜想他们的心理活动,这是为什么?是因为我们成人的思想被固化了,孩子的思想往往会在想象和现实中自如切换。这个时候大人所要做的就是陪伴在孩子旁边,静静引导孩子观察,倾听他们的理解。当孩子没有观察到的时候,再以问题为引领,陪伴他们一起阅读。

2.开放式的问题,提高家长的提问技巧

在阅读的过程中经常会出现家长一言堂,家长偶尔问一句:"对不对?是不是?"孩子就只是在那里点头或者回答"对""是"。这样一下子就把问题给问死了,孩子没有动脑筋思考问题、自己练习说话、表达想法的机会,阅读变成了教育行为,教育孩子懂得道理。其实孩子在还没有抽象思维能力时,他对道理是没有感受力的,他们恰恰需要的是观察式、体验式学习,需要开放式的问题引导他们去思考、去表达。就比如刚才提到的《蚂蚁和西瓜》这本书,在我们组织家长来体验的绘本教学活动中,我们请家长作为学生,和我们的老师一起进行了一次体验式的绘本学习。在学习的过程中,家长们知道了什么是开放性的问题,怎样才能让提出的问题留给孩子更多表达的空间,让孩子们有内容去说,有兴趣去表达。这样才能让亲子的阅读真实地进行。

(三)开展绘本专题活动,不断提高家长的指导能力

1.开展"请进来、走出去"活动

(1)邀请专家举办讲座,共同感受绘本的美丽

很多家长从主观上认为绘本就是图画书,是给小孩子看的,讲一讲就可以了,其实绘本作为风靡世界的图书,老少咸宜,孩子们能从绘本中获得他们需要的知识,成人能从绘本中感受充满哲理的人生。例如著名作家安东尼·布

朗的《大猩猩》,可能孩子们在阅读中感受到的是小姑娘从伤心到开心、惊喜的心理变化,而家长们在专家的引领下从众多的大猩猩画面中感受到了自己在生活中打拼的真实的境况,回想到自己多次因为各种各样的理由拒绝孩子的邀请,好多的爸爸都悄悄地流下了眼泪,这就是绘本的魅力,让幼儿感受快乐,让成人反思人生。

(2)开展教师阅读教学活动,进行展示交流

以家长开放活动为契机,向家长开放阅读教学展示活动,让家长观看教师是如何组织孩子进行阅读活动的,了解幼儿阅读的基本方法,学习指导幼儿阅读的提问技巧,指导家长学习和比较亲子阅读与幼儿园阅读的相同之处和不同之处,以便使家长提高亲子阅读的指导能力。

(3)入户指导,家园共育

集合在绘本教学方面有经验的教师组成指导小组,利用休息时间走进家庭,一对一进行交流,面对面解决家长在亲子阅读的过程中出现的问题与困惑,拉近家园距离,实现家园共育,共同促进幼儿阅读能力的提升,帮助幼儿养成良好的阅读习惯。

2.创设平台,促进家长经验的分享与交流

(1)亲子阅读沙龙,促进家长交流互动。

幼儿园定期召开亲子阅读沙龙,请家长们将自己在亲子阅读的过程中遇到的问题、习得的方法,以交流的形式,和家长们、老师们共同讨论,既方便教师了解幼儿在阅读方面的发展水平,又可以形成家长之间交流分享亲子阅读的快乐和习惯,扩充亲子阅读的经验和方法,以及阅读内容和资源。

(2)亲子阅读

以家庭为单位购买的图书量是有限的,而幼儿园则拥有上千本绘本,如何让这些宝贵的财富最大程度地发挥它的价值呢?图书漂流成了我们一个不错的选择。我们与家庭共同商定图书借阅规则,在每个周末请幼儿选择3~5本自己喜欢的图书带回家进行阅读,一周后归还,每周一请幼儿带一本自己家中的图书到幼儿园和同伴分享,这样既丰富了幼儿的绘本阅读量,又激发幼儿爱书、惜书的情感,感受了阅读同伴书籍的快乐,开阔了视野。

(3)亲子绘本阅读展示会

针对学前阶段的幼儿,亲子阅读更好的方式是和幼儿互动起来,根据他们的兴趣和需要,尊重他们通过亲身体验、实际感知获得的经验,而表演故事无疑是丰富图书阅读形态,延伸图书内涵的一种有效方式。

例如一位大班小朋友和妈妈表演绘本《女巫排排坐》,就是她们在一次亲子阅读后的奇思妙想:女儿拿起扫把,骑在上面对妈妈说:"妈妈,快来,我来当女巫,你来和我一起排排坐。"于是妈妈很配合地和她一起在屋里面跑起来。妈妈问女儿:"女巫长什么样子?她戴了什么?""她戴了尖尖帽,可是我们没有。""那我们可以做一顶呀!"于是母女二人一起思考拿什么做帽子,她们找来了纸、剪刀、胶棒一起制作起来,还用纱巾当作女巫的斗篷,找来了毛绒玩具当小鸟、青蛙,把一切准备好,开始扮演。演着演着她们发现,女巫飞起来是在高高的天上,掉下来是在低低的地上。怎么办?于是母女二人又找来了家里的椅子,将椅子连接起来,在上面行走。就这样,两个人阅读、制作、表演大概用了一个星期的时间。在亲子展示的活动中,母女二人精彩的表演赢得了家长和小朋友们的阵阵掌声。

我想直到此时,这位小朋友才真正理解了这本绘本,所以她才能在每一次表演时,都运用了代表女巫不同心理、情绪的语气,一次次地上与下,理解了高与低,在制作尖尖帽时锻炼了动手能力,在寻找替代物品时发挥了想象力,在每一次的表演中和妈妈亲子关系更紧密了。

总之,亲子阅读不能急功近利,家长不能想着选择读一本就让孩子必须掌握书中的教育意义,而是引导孩子慢慢地喜欢上阅读,感受到阅读的乐趣。通过潜移默化的熏陶让幼儿理解,这比说教式的背诵更有教育意义。希望每一位家长在亲子阅读时,都能以平等的态度尊重幼儿,站在幼儿的角度思考问题,引导幼儿观察细节,以开放性的问题启发幼儿展开想象,并积极地和幼儿互动起来,提高亲子阅读的质量,提高亲子陪伴质量,促进亲密关系,以亲子阅读的方式学习兴家。

参考文献

1.古丽孜娜.合作式亲子阅读的有效策略[J].中国电力教育,2010(10).

2.肖涓.图画书阅读与幼儿发展[J].湖南第一师范学报.

3.翟艳.亲子阅读在国外[J].教育文汇.2010(05).

4.赵晨,赵慧君.亲子教育中绘本阅读运用的现状调查与分析[J].佳木斯职业学院学报,2007(01).

5.朱从梅,周兢.亲子阅读类型及其对幼儿阅读能力发展的影响[J]幼儿教育.

（此课题为天津市幼教研室审批课题）

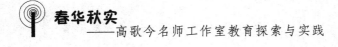

春华秋实
——高歌今名师工作室教育探索与实践

 研究成果七

"在孝亲主题墙饰的创设中促进幼儿主体性发展的研究"

张　丽

一、问题的提出

随着社会的不断发展以及"6+1"式家庭的涌现,家长们把所有的爱都倾注在孩子身上,一味地付出,不求任何回报。孩子们衣来伸手、饭来张口,家长们有求必应、包办代替,让孩子们只知道接受、索取和被爱,形成了以自我为中心、任性、懒惰、霸道、不合群等现象。孝文化是中华民族传统文化的重要组成部分,充分利用幼儿园的环境资源让幼儿更直观地感受和理解孝道的意义,知感恩、懂回报就显得尤为重要。皮亚杰认为,儿童是在与周围环境相互作用的过程中,逐步建构起关于外部世界的知识,从而使自身认知结构得到发展的。《3-6岁儿童学习与发展指南》也明确指出:"环境是重要的教育资源,应通过环境的创设和利用,有效地促进幼儿的发展。"主题墙饰作为幼儿园重要的教育资源,应该利用并发挥其最大的教育功能,教师应组织丰富多彩的活动,充分发挥幼儿学习和发展的主体性,潜移默化地在幼儿心中播下爱的种子,启蒙爱的情感,促进幼儿将孝心转为孝行,引导幼儿在丰富的活动中积极主动地去感知、操作、探索、发现,更好地传承孝道文化。因此我将研究的重点定为如何在孝亲主题墙饰的创设中促进幼儿主体性发展。

《幼儿园教育指导纲要(试行)》指出:"幼儿园应为幼儿提供健康、丰富的生活和活动环境,满足他们多方面发展的需求,使他们在快乐的童年生活中获得有益于身心发展的经验。"良好的环境创设与利用能使幼儿在与环境的互动中获得各方面能力的发展。这些都充分说明了环境的重要性,环境就像一位不会说话的老师,潜移默化地影响着幼儿的成长与发展。因此在进行孝亲主题墙饰的创设过程中,我们注重为幼儿创设一个能够充分发挥其主观能动性的孝亲教育环境,满足幼儿在与环境的互动中认知明理、感受温情,逐步将孝心转为孝行。本课题旨在通过对孝亲主题墙饰的创设进行研究,总结出促进幼儿主体性发展的途径和策略。

二、研究过程

(一)确立研究目标

1.通过课题的研究,多角度、多层次地为幼儿创设良好的孝亲教育环境,让幼儿在环境和材料的相互作用中潜移默化地学习、探究,从而激发幼儿的求知欲和学习兴趣。

2.通过课题的研究,充分发挥孝亲主题墙饰创设隐形的教育价值,让幼儿在参与互动中学会感恩父母、尊敬长辈、关心他人并主动做一些力所能及的事情。

3.通过课题的研究,利用孝亲主题墙饰的教育功能形成长效机制,通过孝道教育培养幼儿对自己、对他人、对长辈、对社会的责任感,让爱在幼儿的心中生根、发芽。

(二)探索研究内容

1.让环境布置处处充满爱,让幼儿在耳濡目染中萌发爱的情感

开辟亲情角,将幼儿自己和家人的照片布置在亲情树上,让孩子们随时都能感到和亲人们在一起的安全感和幸福感。筛选古代二十四孝故事中能够继续传承和发扬的精神,以图文并茂的形式呈现,布置成墙饰,制作成活动区

玩具。捕捉幼儿日常尊老、敬老的行为,以口头表扬、照片展示等形式,潜移默化地影响幼儿,形成榜样作用。创设娃娃家游戏角,丰富人物角色,体验照顾长辈的情节,将所听、所看与实际行动相联系。

2.在教育活动中深深体验爱,在潜移默化中调动爱的行为

收集幼儿易于理解的亲情素材,通过讲故事、表演、游戏、艺术表现等多种方式让幼儿充分地感受浓浓的亲情,在爱的熏陶中找到爱的存在。在一日生活中注意收集幼儿爱的行为,教师通过改编、创编等方式展示幼儿自己的孝亲小故事,并在传统节日、开放活动等由幼儿讲述或表演,幼儿渐渐会发现其实榜样就在身边,爱的故事无处不在,让爱浸润孩子的童年。

3.在家园共育中主动践行爱,在传承中升华爱的情感

开展"我要这样爱您"的家庭实践活动,鼓励幼儿坚持每天早上给长辈一个拥抱,说一句温馨而有爱的话语,"谢谢""辛苦啦""我爱您"等,鼓励幼儿为家人做力所能及的事情:端茶倒水、整理屋子、洗手帕袜子、自己叠被子等,坚持每周每月进行"我是小孝明星"评比活动,请家长用文字、镜头等多种方法记录孩子们在家中的孝亲行为,制作幼儿孝亲记录册。征集发生在幼儿身上的孝亲小故事,以图文并茂的方式将孝亲小故事制作成图书,互相传阅。开展"孝亲宝贝"照片征集活动,将幼儿的孝亲行为记录布置成孝亲墙饰,让幼儿感受浓浓的亲情的同时渐渐将爱家人、长辈养成为一种习惯。

(三)形成教育策略

1.孝亲主题墙饰创设要注重幼儿的主体性参与

幼儿是环境的主人,教师要把墙面环境创设的主动权交给幼儿,注重幼儿的主体性参与。这样教师的角色也会从原来的决策者、操作者变为观察者、倾听者、支持者。首先,教师要认真观察幼儿的兴趣点、关注幼儿的需求,然后多倾听幼儿创设墙饰环境的想法,激发他们创设主题墙饰的积极性,引导幼儿进行讨论,给孩子提供适宜的支持,最后共同商讨出孝亲主题墙饰的内容。同时,在主题墙的创设中,老师应该尊重每一位幼儿,充分调动他们的积极性,让每一个幼儿都有参与主题墙创设的机会。

比如,主题墙"谈古论今说孝道"就是在之前研究二十四孝故事的过程

中,孩子们会经常讨论那些古代的和新的二十四孝故事,同时在老师的引导启发下联系到自己应如何孝顺父母。在孩子讨论的过程中,老师会问:"你喜欢故事里的角色吗? 为什么?""你是怎么爱自己的爸爸和妈妈的?""不如我们把这些好听的故事画下来,贴到墙上,和大家一起分享吧!"于是,一面孝亲主题墙就在大家的讨论下初步形成了。

2.孝亲主题墙饰创设要注重隐形的教育价值

《3-6岁儿童学习与发展指南》中指出,环境是重要的教育资源,应通过环境的创设和利用,有效地促进幼儿的发展。在幼儿园,环境是重要的教育资源。良好的环境创设与利用能有效地促进幼儿与之互动,并在互动的过程中获得能力的提升。因此,孝亲主题墙饰的创设要注重隐形的教育价值。

比如主题墙饰"古代二十四孝故事",我们先分别请幼儿选择一个自己喜欢的故事,然后和家长一起阅读,熟悉故事的内容,在班里讲给小朋友们听,最后以图画的形式将故事展现在主题墙上。孩子们在一日生活的各个环节都能够与之互动。比如在入园、离园环节,幼儿可以将故事讲给家长听,或者在转换环节去欣赏、了解主题墙上的故事。

3.孝亲主题墙饰创设要注重家长的参与

《幼儿园教育指导纲要(试行)》中提出,"家庭是幼儿园重要的合作伙伴""幼儿园要综合利用各种教育资源,共同为幼儿的发展创造良好的条件"。教育教学的顺利开展离不开家园之间的合作、支持与互动,在幼儿园主题墙的创设上,我们教师要充分利用家长资源,将教育的价值与益处及时与家长共享从而调动家长参与的积极性。在每次活动的主题墙生成后,老师首先要通过多种途径和方式让家长了解主题墙的内容与意义,然后再请家长帮助收集与主题相关的资料与图片。

比如孝亲主题墙饰"快乐的一家人",其中主题一为"他们的爱好",我们请家长帮我们准备展示幼儿(外)祖父母一些爱好的图片,可以是照片,也可以是和孩子一起画出来的作品。我们主题活动结束后,再次请家长一起参与主题墙创设评价。如主题墙创设好在哪里? 不足又在什么地方? 以后能够在哪方面进行改进? 整个创设过程,家长自始至终都是支持者和参与者,同时还能实现师幼互动、幼幼互动、老师和家长的互动、幼儿和家长之间的互动,并将主题墙饰的隐形教育作用发挥到最大化。

4.孝亲主题墙饰创设要注重在变化中促发展

幼儿孝亲主题墙饰应该是不断变化的,随着主题活动的不断深入,幼儿的经验不断丰富,孩子们会不断地发现并尝试新的活动内容。我们教师要认真倾听幼儿心声,观察幼儿的需求,适当地引导,从认知、情感、经验等方面循序渐进地推动活动的进一步展开并丰富主题墙饰。积极创设出"会说话的"墙饰,促进幼儿在与环境、同伴、老师、家长的互动和对话中,获得更多的体验与收获。

比如,在课题开展初期,我们的墙饰是"二十四孝故事",随着课题开展不断深入,幼儿对自身的孝亲之事产生了浓厚的兴趣,于是就生成了"谈古论今说孝道"主题墙饰。

幼儿园孝亲主题墙饰隐藏着巨大的教育价值,它就像春雨滋润着万物一样,默默地影响着幼儿。我们应尊重幼儿的主体地位,紧紧围绕孝亲主题教育的目标和内容,充分调动幼儿与家长参与的积极性,帮助幼儿创设能促进其主体性发展的主题墙,让孩子在积极主动的参与和游戏中健康、快乐地成长。

三、研究结论

1.在课题研究过程中,老师们根据不同阶段幼儿的年龄特点创编了幼儿园"新二十四孝故事",并收录在河东区第一幼儿园传统文化系列丛书"蒙童新读本"中,并将这些优秀的孝亲故事张贴在楼道、班级等环境中,家长和幼儿可以通过扫二维码的形式进一步理解"孝"的意义,在为幼儿创设可听、可说的互动环境的同时也实现了家园共育。

2.参与课题研究的幼儿,能够感受到父母的爱,同时明白父母长辈养育自己的辛劳,孩子们内心深处萌发了关爱他人的情感,他们知道了察言观色、换位思考、嘘寒问暖,我们经常能从家长口中听到夸赞孩子懂事的话语,能从孩子们的温情的行动中感受到爱的种子深深地种在了孩子们的心中,现如今早已不是"大手牵小手",而是"小手主动牵起了大手"。未来我们还将继续充分利用好幼儿园环境教育资源,使幼儿萌发爱的情感,并由家庭延伸到社会,促进幼儿人格健全发展的同时也促进家庭乃至社会的和谐美好。

3.经过孝亲主题墙饰的创设及实践,幼儿园和班级初步形成了富有特色的孝亲教育环境,我们也将一些优秀的孝亲主题墙饰的创设收录在书籍中供教师参考,我们将在教育实践中不断地尝试新的思考。

(此课题为"在孝亲主题游戏活动的研究中促进幼儿主体性发展"下自主研究的子课题)

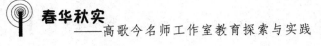

研究成果八

"在一日活动中培养大班幼儿语言运用的能力"结题报告

张　虹

一、问题的提出

在一日生活中，很多教师在培养大班幼儿语言运用的能力上存在着问题，如在教学内容上过分强调语言要素(字、词、句)的学习,忽视语言交际的功能,在教学要求上过分强调表达能力的培养,忽视听力及在使用语言的过程中学习语言,在教育途径上,忽视在日常生活中通过多种途径学习语言。

著名心理学家皮亚杰认为，儿童语言是在儿童个性与环境相互作用中,尤其是在与人们语言交往实践中发展起来的,"交流是儿童获得语言的决定性因素"。而幼儿园语言教育的重要任务之一,就是指导幼儿凭借语言来适应社会生活。如为了与周围的人建立良好的人际关系,幼儿必须学会说礼貌用语,必须具有倾听别人说话和对别人说话的良好态度,为了适应社会生活,他们应能运用语言,比较清楚地表达自己的请求与愿望,而这些能力的培养和获得仅仅靠每周的语言活动是难以完成的,必须让幼儿有大量丰富的生活感受及日常生活的口语交流即在幼儿的一日活动的各个环节中为幼儿创设练习的机会和条件,诱导幼儿积极地听和说,并给予适当的指导,才能使幼儿的语言能力获得较大的提高。

二、概念的界定

(一)一日活动:幼儿在幼儿园参加的各个活动。

(二)大班幼儿:年龄 5~6 岁的儿童。

(三)语言:严格来说,语言是指人类沟通所使用的语言——自然语言。一般人都必须通过学习才能获得语言能力。使用语言的目的是交流观念、意见、思想等。本课题研究的内容包括五至六岁的儿童乐意用语言表述,能够正确地表述,能够较好地与人对话交流,逐步形成乐于表达、恰当表述,能够交流的语言能力。本研究旨在帮助幼儿成为积极的语言运用者。

(四)语言运用能力:主要表现为儿童如何运用适当的口头语言表达自己的交往倾向,如何运用适当的策略与他人交谈,如何根据不同情境的需要运用适当的方法组织语言表达自己的想法,能运用较规范、恰当的语言表达自己的情感和需要,与同伴、成人和谐交往,形成开朗合群的性格,养成讲文明、懂礼貌的好习惯,形成对人对事乐观自信的积极态度。

三、理论依据

1.社会相互作用论:20 世纪 70 年代后期,一些国外心理学家强调语言环境对儿童语言的作用,认为儿童语言是在个体与环境的相互作用中,尤其在与人们语言交流中,在认知发展基础上发展起来的。

2.巴甫洛夫的言语获得理论:该理论认为儿童获得言语包括两方面:首先是词语的声音和具体事物的形象建立起联系,接着是词语之间建立起联系,而这种暂时神经联系则是通过强化而建立起来的。

3.皮亚杰的认知相互作用论:该理论认为,认知结构是语言发展的基础,语言结构随着认知结构的发展而发展。个体的认知结构和认知能力既不是环境强加的,也不是人脑先天具有的,它来源于主体与客体的相互作用。

4.马克思主义活动论、当代发展心理学理论和现代学前教育理论:这些理论肯定了游戏在幼儿身心发展中的重要作用,肯定了游戏在幼儿园教育活动体系中的重要地位,"幼儿园以游戏为基本活动"是现代学前教育的必然结论,它符合现代学前教育的基本原理,是一个正确的、合乎规律的观点。

四、课题研究的目标

1.在幼儿园的一日活动中,探索促进大班幼儿语言运用能力发展的有效方法和策略,提高幼儿的语言表达能力,使他们能运用较规范、恰当的语言表达自己的情感和需要,与同伴、成人和谐交往,形成开朗合群的性格。

2.通过课题研究,更新教师的教育观念,为幼儿创设宽松、真实、丰富的语言运用情境,提供有利于幼儿创造性运用语言的机会。

五、课题研究的内容

1.结合生活活动来培养幼儿的语言运用能力。
2.结合课堂教学,培养幼儿的语言运用能力。
3.注重在自主性游戏中培养幼儿的语言运用能力。

六、课题研究的对象

本课题实验对象是大班四个班级共 132 名幼儿,为确保研究的准确性、客观性,我们选择了人数相等、年龄相同的平行班级作为对比班。

七、课题研究的方法

1.文献研究法:从报刊、网络上查阅与本课题相关的研究资料,了解并掌握他人的研究成果,通过分析比较进一步明确自己当前研究的起点。

2.个案研究法:选取某些有代表性的幼儿,进行全程跟踪分析评价,以点代面,了解研究的进展和效果,便于把握课题研究的方向。

3.观察法:在自然条件下有目的、有计划地对观察对象及其行为进行考察、记录、分析,了解幼儿和教师在语言活动中的行为表现。

4.经验总结法:不断总结经验,并将经验提升成为理论,写出经验总结性论文或研究报告。

八、课题研究的步骤

第一阶段:准备阶段(2013 年 7 月—2013 年 8 月)

1.制定出课题研究的实施计划,安排研究人员并对研究人员进行培训。

2.进行调查研究,如实掌握幼儿当前实际状况。

3.多方面收集并整理有关资料,并科学地进行安排。

4.对家长做宣传动员工作。

第二阶段:实施阶段(2013 年 9 月—2014 年 5 月)

1.按计划适时转入实施,用极大的热情和责任心进行实验研究。

2. 做好实验过程中各种记录, 如实验内容, 实验形式与办法, 实验效果等。

3.及时掌握实验研究的反馈信息,随时调整自己实验计划和进程。

4.要做好阶段性总结,及时掌握成功经验,及时纠正实验过程。

第三阶段:总结阶段(2014 年 6 月—2014 年 8 月)

1.做好各方面实验材料的整理、统计、评价、检测等各项工作。

2.撰写结题报告。

九、课题研究的成果

(一)自身能力的提升

课题研究锻炼了教师研究课题的水平,使教师懂得了课题研究的真正意义与价值,更加清楚加强自身素质的提升是非常重要的事情。

1.更新教育观念,理解了做科研型教师的重要性和必要性,真正践行了"一日生活皆教育"的教育理念。

2.在研究幼儿语言能力的同时,搜集了很多教育素材和感悟,撰写的文章取得了不错的成绩。如本人撰写的本课题论文荣获天津市教育创新三等奖,论文《浅谈语言活动中大班幼儿创造性思维的培养》荣获国家级一等奖,案例"老师,我不玩了"荣获市级一等奖并刊登在《天津教育》杂志上。

(二)幼儿语言能力的发展。

经过一年的研究证明,在一日活动中培养大班幼儿语言运用的能力是可行的。一日活动不仅能培养幼儿的语言表达能力,也有利于树立幼儿的自信心,使其成为一个语言表达能力强的孩子。

起初大部分幼儿胆怯,害怕与老师交流。有的小朋友远远地躲着老师。课堂提问时,个别幼儿不敢举手发言,头总是低低的,不敢正视老师的眼睛,生怕老师叫他们起来回答问题,即使勉强站起来了,也是不敢说话。还有一部分幼儿回答声音特小,语句不连贯。经过这一年来的反复培养与指导,幼儿的语言水平明显进步,他们有想说的愿望了,在特定的环境下思维比较清晰,语言表达连贯。而且,每天入园大老远手就能看见孩子们微笑着主动向老师问好。课堂氛围很活跃,孩子们争先恐后举起手,想要发言,说出自己的想法。特别是在区域表演时,橡皮泥、阅读图书、才艺展示、娃娃家是孩子们特别喜欢的游戏,在这里幼儿的语言能力完全出乎我的意料,他们的兴奋点达到最高时,都急于表现自我,边表演边说、边操作边说、边阅读图书边自言自语,真的让人刮目相看。一年的实践成效显著。

在学期末幼儿自编、自导、自演的童话剧受到家长的一致认可和好评,大(一)班的根根小朋友因好口才而被天津电视台相中,参与少儿节目的录制。

今后我们要在教学中多创设环境,让幼儿在宽松、愉悦的氛围中快乐地玩、大胆地说,勇敢地说出自己的所感所想,成为一个健谈、爱与他人交往的幼儿。我相信,在不久的将来,幼儿经过自身的努力,语言能力的提升将更大!

(此课题为天津市第四届幼儿园教育教学改革专题研究三等奖)

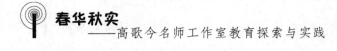

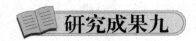

"民族服饰文化融入幼儿艺术教育的研究"结题报告

冀　娜　范　静

一、问题的提出及文献综述

(一)问题的提出

中国是个多民族国家,绚丽多彩的民族服饰是中华传统文化的重要组成部分,中华历代服饰真实地记录了中华民族的历史,丰富了中国传统文化,同时也为中国人在世界文化之林树立了独特的形象,民族传统服饰文化是中华民族乃至人类社会创造的宝贵财富,2008 年,共 15 个民族的民族服饰列入国家级非物质文化遗产名录。每个民族都有代表自己民族特征的服饰,造型各异的民族服饰大多颜色鲜艳,花纹、图案、色彩丰富,是传统文化艺术的重要组成部分,也是视觉文化的一部分。如何能将民族服饰文化中的精华与幼儿艺术教育更好地结合起来, 让幼儿以更浅显易懂的方式了解民族传统文化, 让民族传统文化在下一代中得以更好地传承和发扬是值得我们研究的。

(二)文献综述

1.国内研究现状述评

对于传统服饰文化的研究主要集中在民族传统服饰的发展现状、历史演变、传承与发展、图案纹样等几个方面。如李陶的《中国传统民族服饰文化的现状思考》在全球经济一体化的趋势下,认识和分析传统民族服饰文化的现状及变迁原因,探讨民族服饰文化的传承与发展思路。雀宁乡的《中国少数民族服饰的美学研究:现状、问题与出路》从中国民族服饰美学研究的角度,反思其出现的问题,并探索了解决问题的有效途径。赵海燕的《学前教育民俗文化课程研究》对学前教育民俗文化的课程四要素进行了深入、系统的研究和探讨。邵雯倩的《幼儿园中华文化启蒙教育区域环境创设与利用研究》从幼儿园区域环境创设与利用等方面挖掘适宜幼儿发展的中华文化,并进行潜移默化的教育。庞丽娟等主编的《文化传承与幼儿教育》从中华文化与幼儿教育、文化传承中的儿童发展等方面进行了论述。

2.国外研究现状述评

在研究中国传统文化方面,英国著名的历史学家阿诺尔德·汤和日本著名的宗教文化界人士池田大作在《展望二十一世纪》中指出,21世纪将是中国的世纪,是中国文化的时代。美国著名学者赖肖尔、克雷格在他们合著的《东亚文明:传统与变革》一书中,也极大地赞扬了中国文明,展现了中国优秀传统文化所具备的独特魅力。

综上所述,国内外关于优秀传统文化的研究相对较多,国内关于幼儿园优秀传统文化教学的研究也比较丰富,这对本课题的研究有一定的帮助。但是对于在幼儿园开展传统民族服饰文化教育的研究相对较少。河东区第一幼儿园"十二五"课题为《创建以弘扬优秀传统文化为特色的校园文化实践研究》,主要根据河东区第一园集团化办园的特点,四所幼儿园从不同的、具有特色的研究内容入手,每所分园以一个传统文化内容为主、其他为辅进行研究,河东区第一幼儿园主要进行的是在幼儿园体育活动中进行传统民间游戏教育的研究。本课题的研究是在"十二五"课题研究基础上的延续和扩展,甄选出适合幼儿了解的传统民族服饰文化中的部分内容,生成特色教育活动。

二、主题界定

(一)民族服饰

民族服饰是指各民族独有特色的服饰,也可以称之为地方服饰或民俗服饰。少数民族的人们日常穿着多以普通服装为主,但在节庆、宗教仪式、国家典礼和其他正式的场合中,则会以民族服饰打扮出现,通常在服饰上的一些装饰品中可以推断出穿戴者的婚姻状态、社会或宗教地位等。民族服饰文化内涵丰富,包括制作原料、纺织工艺、印染工艺、刺绣工艺、图案纹样、色彩表现、饰品工艺、文化价值等因素。2008 年,15 个少数民族的民族服饰列入国家级非物质文化遗产名录。2012 年,内蒙古发布了中国首个民族传统服饰地方标准——《蒙古族部落服饰》。

(二)文化

文化是包括各种外显的或内隐的行为的模式,它通过符号的运用使人们习得及传授,并构成人类群体的显著成就,包括体现于人工制品中的成就。文化的基本核心包括由历史衍生及选择而成的传统观念,尤其是价值观念。文化体系虽然可被认为是人类活动的产物, 但也可被视为限制人类进一步活动的因素。

三、研究意义

随着全球化进程的日益加快,我国民族传统文化的继承、发扬成为人们普遍关注的问题。绚丽多彩的民族服饰文化是中华传统文化的重要组成部分,如何能将民族服饰文化中的精华与幼儿艺术教育更好地结合起来,让幼儿以更浅显易懂的方式了解民族传统文化,让民族传统文化在下一代中得以更好地传承和发扬成为一个需要研究的问题。

幼儿正处于发现美、表现美的关键期,在幼儿园中开展"民族服饰文化融入幼儿艺术教育的研究", 将民族服饰文化中的精华与幼儿艺术教育更好地结合起来,将花纹、图案、色彩丰富的民族服饰文化融入幼儿的艺术教育,不仅能为幼儿创造、感受和表现传统艺术之美的条件与机会,让现代社会幼儿更多地接触民族优秀传统文化,激发幼儿的审美意识,以幼儿能够理解、接受并感兴趣的方式感受民族传统服饰文化的精髓魅力,更好地促进我国优秀的民族文化的传承与发展,为更多优秀传统文化精华在幼儿园中研究和推广奠定了理论基础,并为探索更多符合幼儿年龄特点、具有我国民族传统文化特色的、符合中国国情的、符合幼儿精神审美文化需求的幼儿传统美育教育、社会性教育提供现实依据,为学前教育的研究发展增添了新的内容,为传统文化的继续传承发展提供积极的参考。

四、理论依据

(一)理论依据

《3-6 岁儿童学习与发展指南》中指出:"艺术是人类感受美、表现美和创造美的重要形式, 也是表达自己对周围世界的认识和情绪态度的独特方式。幼儿艺术领域学习的关键在于充分创造条件和机会,在大自然和社会文化生活中萌发幼儿对美的感受和体验,丰富其想象力和创造力,引导幼儿学会用心灵去感受和发现美,用自己的方式去表现美和创造美。"

民族传统服饰是中国传统文化的一个重要组成部分,是中华民族乃至人类的宝贵财富。各民族的服饰真实地记录了中华民族的历史,丰富了中国传统文化,同时也为世界文化带来了独特的文化景观。传统服饰文化是传统文化艺术的重要组成部分,也是视觉文化的一部分。

因此,在幼儿园中开展"民族服饰文化融入幼儿艺术教育的研究",能为幼儿创造、感受和表现传统艺术之美的条件与机会,让现代幼儿更多地接触民族优秀传统文化,以幼儿能够理解、接受并感兴趣的方式感受民族传统服饰文化的精髓,使我国优秀的民族文化在当今社会更好地传承与发展。

(二)现实依据

河东区第一幼儿园参与过民族传统体育文化的课题研究,对民族传统体育文化有一定的了解和认识,教师们积累了有关民族传统体育游戏及文化背景的相关资料。几年来,我们坚持将民间传统体育游戏运用到幼儿的户外活动中,现在在园的幼儿能掌握并喜欢一些经典的传统游戏。将民族服饰的研究与这些民族专统游戏相结合,将有助于幼儿对民族服饰文化有更好的理解,对民族服饰文化认识得更加全面系统。

五、研究目标

(一)通过对比欣赏民族服饰的花纹、图案等特征,了解民族服饰的装饰特点,并能用多种方法进行装饰。

(二)了解民族服饰背后的文化特点及差异。

六、研究内容

(一)民族服饰文化特色教育的内容

从常见的几个少数民族(如藏族、傣族、朝鲜族、蒙古族、维吾尔族、苗族等)的服饰入手,带领幼儿观察、了解能代表民族特征的裙子、帽子、腰带、背包等的花纹、图案,具体如下:

小(一)班:漂亮的新疆帽子

小(二)班:腰间的彩虹

小(三)班:漂亮的百家衣

中(一)班:维吾尔族的漂亮服装

中(二)班:漂亮的民族服饰花纹

中(三)班:漂亮的藏族服饰

大(一)班:民族马甲的制作

大(二)班:神奇的扎染

大(三)班:蒙古族、傣族服饰的对比研究

(二)民族服饰文化特色教育在幼儿园的实施策略

主要通过主题活动、区域游戏、家园合作、游戏活动等方式,使幼儿在认识、了解、设计少数民族服饰的同时了解少数民族的文化和风俗习惯。

七、研究方法和步骤

(一)研究方法

1.文献研究法:文献法主要指搜集、鉴别、整理文献,并通过对文献的研究形成对事实的科学认识的方法。本研究采用文献法,查阅、收集国内外有关中华优秀传统文化的相关信息,为方案实施和寻找理论依据提供经验。

2.行动研究法:行动研究是指在自然、真实的教育环境中,教育实际工作者按照一定的操作程序,综合运用多种研究方法与技术,以解决教育实际问题为首要目标的一种研究模式。本研究以行动研究为主、观察记录为辅的方法,在研究中,使教师和教育管理人员、专职教育研究人员密切配合,课题研究与教学实践相结合。

3.案例研究法:案例研究就是广泛搜集个例的资料,彻底了解个例现状及发展历程,对单一研究对象的典型特征进行深入而细致的全面研究分析,确定问题症结,进而提出建议的一种研究方法。本研究精选个案进行分析研究,记录幼儿的活动状态、教师指导情况,以探索在深化优秀传统文化特色活动的实践研究过程中的具体实施策略。

4.经验总结法:经验总结法是在不受控制的自然状态下,依据教育实践所提供的事实,按照科学研究的程序,分析概括教育现象,揭示其内在联系和规律,使之上升到教育理论高度,促进人们由感性认识转化为理性认识的一种教育科研方法。本研究有计划地对课题实施过程进行分析、研究,随时进行教育心得、随笔的积累,总结和交流经验。

(二)研究步骤

第一阶段:准备阶段(2016年9月—2017年1月)

1.成立课题研究小组,明确分工。

2.学习有关理论,了解探究问题、自主学习、自主管理的资料和成功经验。

3.制定具体的研究方案和幼儿培养目标体系,创设传统服饰相关的室内

春华秋实
——高歌今名师工作室教育探索与实践

环境及区域环境。

4.探讨研究方法,确立实施步骤。

5.培训参与课题研究的教师。

第二阶段:实施阶段(2017年3月—2018年7月)

1.召开开题会、报告会,由专家认定并启动此课题的研究,完成开题报告。

2.组织各项相关的教研活动,在教学实践中进行课题的研究探索和实践,收集各学科教学案例。

3.及时搜集研究信息,注意调控,不断完善操作过程,定期召开研讨会,做好各阶段的总结,撰写中期报告。

4.聘请专家对研究过程进行指导。

5.研究个体撰写研究个案及论文。

第三阶段:总结阶段(2018年9月—2019年1月)

1.整理、统计和分析课题资料,汇编相关研究成果(论文、案例及反思),撰写结题报告。

2.申请结题。

八、主要成果

通过三个阶段的研究与实践,取得了一些收获,现将本课题的阶段性成果总结如下:

(一)通过研究和实践,根据各个年龄班级不同的幼儿年龄特点,制定并确立各班的研究内容和主题,各班形成了上下学期各一个民族服饰主题活动,并完成两个案例的撰写。

撰写的案例有:小班《漂亮的花围巾》《漂亮的新疆帽》《多姿多彩的民族花布》《腰间的彩虹》《美丽的蝴蝶结》《浓浓祝福百家衣》;中班《漂亮的民族帽子》《漂亮的维吾尔族服饰》《我喜欢的民族服饰》《漂亮的民族服饰花纹》《漂亮的民族腰带》《漂亮的藏族服饰》;大班《多姿多彩的民族背包》《漂亮的民族坎肩》《美丽的花孔雀》《神奇的扎染》《多姿多彩的民族服饰》《小巴特尔和小

268

玉香的漂亮衣服》。

在研究和实践中,教师和幼儿获得了不同的收获:

1.教师收获

通过教科研活动,老师们经过大量的学习、收集资料,在不断地研讨中开阔了研究的思路和方向,确定了以民族服饰中的一个点为主线,展开系统的主题活动,并且与教育活动、区域活动、开放活动、节日活动、户外运动及家园共育等相结合,突破了以往传统的研究思想,使课题开展的方向更加清晰,研究内容也越来越具体。

2.幼儿收获

经过实践研究,通过与区域活动等形式的结合,不同年龄阶段的幼儿在美工技能方面都得到了很大的发展,同时在社会情感、审美情趣、感受美、表现美、语言发展等方面都获得了不同的发展。

(二)形成优秀传统文化特色教育在幼儿园实施的多元策略

1.以民族服饰中的其中一个点为主线,展开系统的主题活动。每个主题的体系都包括:"主题名称""设计意图""活动目标""实施途径""活动内容""主题墙具体文字说明"。主题活动名称如下:

(1)2017 年 3 月—2017 年 6 月

本学期主要从艺术领域入手,研究民族服饰中的各项内容,结合美工区活动,根据某个民族的服饰特征、服饰上各种图案的纹样特点、服饰的制作技艺方法及民族服饰的配饰等几方面来进行研究,主要研究和了解民族服饰的外在特点。

小班活动:"漂亮的民族花布""漂亮的花围巾""漂亮的蝴蝶结"。

中班活动:"漂亮的民族帽子""漂亮的民族服饰""漂亮的民族腰带"。

大班活动:"多姿多彩的民族背包""美丽的花孔雀""多姿多彩的民族服饰"。

(2)2017 年 9 月—2017 年 12 月

各班在原先研究内容的基础上,继续横向丰富扩展和纵向深化,进一步调整和挖掘,丰富适合幼儿的研究内容;不断地加大研究的深度,挖掘民族服饰背后的文化内涵和精髓。

小班活动:"腰间的彩虹""漂亮的新疆帽""浓浓的祝福百家衣"。

中班活动:"漂亮的坎肩""漂亮的民族服饰花纹""漂亮的藏族服饰"。

大班活动:"漂亮的民族坎肩""神奇的扎染""小巴特尔和小玉香的漂亮衣服"。

(3)2018年3月—2018年6月

各班在原有研究的基础上,进行各领域的课程整合,将艺术领域与健康领域、社会领域、科学领域和语言领域的相关知识有机地结合起来,让幼儿更加系统、全面地了解民族服饰的外在特点、形成原因、功能作用等内在的文化内涵,以及民族服饰背后的民族精神精髓。有三个班级开拓研究思路,不断挖掘更多的研究内容,生成了三个新的主题——中班:"我们班的少数民族好朋友""美丽的满族手绢""我爱中国红"。

在第二学期初的教研研讨中,老师们认为可以将一个民族服饰的主题按照不同年龄班进行不同深度和广度的研究,因此,形成了小、中、大班共同研究"民族坎肩"这一主题内容。同时,每个主题活动后面都有相应的教育活动案例,用来丰富相应的主题活动。

2.结合区域活动、环境创设、家园共育等,帮助幼儿感受民族服饰文化。

(1)在内容的选择上,适合本班幼儿的年龄特点和发展水平。

(2)以某一种教育形式(主题活动、教育活动等)为主要实施策略,同时辅以其他形式的游戏活动,使优秀传统文化的教育在实施的过程中更立体、更丰满,也更易于幼儿的接受。

(3)在研究过程中,对优秀传统文化的教育,更注重五大领域的结合,以促进幼儿全面和谐地发展。

(三)借助共学共研,提升教师的文化素养与研究能力

此课题是全园参与研究实践的课题,在三年多的课题研究中,团队充分利用集体智慧,在共学互助、研究交流中使课题顺利开展。通过参与研究,老师们从传统文化素养、专业理论提升、建立活动内角度进行实践研究,适宜的内容选择、灵活的方法应用、及时的关注反思、经验的总结,都对教师实现教研实践能力的提升有很大的帮助,见证了教师在课题研究中的专业成长。

九、创新点

我们在研究课题时，始终抓住两个重点——"以现代的眼光看待传统文化""传统文化的研究符合孩子的心理发展特点"。"民族服饰文化融入幼儿艺术教育的研究"主要是以艺术领域为主进行了深入的研究，并且形成了一班一主题，一班一特色的研究氛围。幼儿在了解民族风情及装饰、制作服饰的过程中，逐渐地形成了对不同民族文化的对比认识。

十、课题研究存在的问题

（一）课题组成员课题研究的理论素养相对较薄弱，对课题的理论构建能力显得不足，有待进一步加强学习与培训。

（二）繁重的事务、课务，使少数教师没有充沛的精力投身到教育教学研究之中，给研究工作的深入开展带来困难。

（三）在某些方面，课题组成员的资料的收集、整理、归类等工作滞后于研究活动的进展等。

参考文献

1.李陶.中国传统民族服饰文化的现状与思考[J].纺织科技进展,2013.

2.雀宁.中国少数民族服饰的美学研究:现状、问题与出路[J].贵州社会科学,2017,11.

3.吴志明.民族服饰文化的继承和发展[J].江苏纺织,1998,1.

4.周梦.少数民族传统服饰传承的现状与出路浅析——以贵州少数民族服饰为例[J].中央民族大学学报(哲学社会科学版),2013,5.

（此课题为天津市教育学会教育科研"十三五"优秀课题"在园所开展中华优秀传统文化特色教育的深化研究"下自主研究的子课题,研究成果被评为市级优秀）

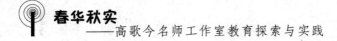

春华秋实
——高歌今名师工作室教育探索与实践

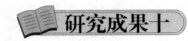

研究成果十

"在孝亲主题游戏活动的研究中促进幼儿主体性的发展"结题报告

冀　娜

一、问题的提出

（一）研究背景

《3-6岁儿童学习与发展指南》强调："幼儿的学习是以直接经验为基础，在游戏和日常生活中进行的，要珍视游戏的独特价值。"游戏是幼儿园的主要活动形式。孝文化是中华民族传统文化的重要组成部分，源远流长。"孝"是贴近孩子们生活实际的，因为孝源于子女对父母养育之恩的回报。目前大部分幼儿园重孝道文学知识的理论学习，并且是机械地将这些知识灌输给幼儿，幼儿缺少操作性强的实践经验，对于孝道的理解仅仅停留于表面。因此，结合孝亲活动的内容以及幼儿学习的特点，我们将课题名称定为"在孝亲主题游戏活动的研究中促进幼儿主体性的发展"。

（二）研究意义

《3-6岁儿童学习与发展指南》指出："游戏是促进幼儿学习与发展的重要途径，而学习与发展意味着幼儿内在自发地生长。"可见游戏对幼儿的主体性发展具有重要的意义。良好的孝道教育能促进幼儿正确地了解自己，尊重、关心父母及他人，养成正确的孝道行为，形成正确的孝道价值观。幼儿孝道教育与其社会性的发展是相辅相成、相互促进的。本课题旨在通过对孝亲主题游戏活动进行研究，总结出促进幼儿主体性发展的策略和途径。

二、研究过程

（一）确立研究目标

1.创编适合幼儿特点的幼儿园新二十四孝故事，总结出在孝亲主题游戏活动中促进幼儿主体性发展的策略，切实改变幼儿园孝亲教育中孩子被动学习、教师机械教导的局面，实现幼儿的主体发展价值。

2.全方位、多角度、多层次地为幼儿创设良好的孝亲教育环境，让幼儿在环境和材料的相互作用中学习、探究，从而激发他们的求知欲望和学习兴趣。

（二）探索研究内容

我们总结了认知、情感、行为三个方面的研究内容：

1.认知明理——学习孝亲

首先，我们从古代二十四孝故事中选取了易于幼儿理解的小故事，每周围绕一个故事在班级进行相关活动。同时取得家长配合，让孩子将在幼儿园习得的故事回家讲述给父母，共同讨论一下故事中古人的孝亲行为，再说说今天的我们应该怎么做。其次，对古代二十四孝和新二十四孝故事进行深入地学习研究，取其精华，去其糟粕。结合幼儿的年龄特点和实际生活，对新旧二十四孝的内容进行筛选，并进行创编，从而整理出一些适合幼儿的"二十四孝"故事。教师将小故事编写成天津快板，不仅利于幼儿的学习和理解，同时也利于家乡传统文化的传承。再者，我们坚持每周为幼儿播放一段真实的孝亲故事视频，如电视或是报纸中出现的讲述照顾父母亲人的故事，并将其做成课件，让幼儿感受到现实生活周围有关孝行的故事。

2.情感体验——注重孝亲，谈感受

"孝"这个道德概念要转化为幼儿的道德信念,情感体验是关键。我们在孝道教育中比较关注幼儿道德体验的强度、深度与频度。比如,我们开设了"成长的故事"主题板块,让家长与幼儿一起完成孝亲故事的摘录工作,交换自己的摘抄本,让家长挑选好的故事讲一讲,让幼儿感受故事中的孝亲内容,并展示在主题墙上。

3.恭敬践行——行孝,注重践行

通过孝的践行,把孝的行为不断强化成孝的习惯,才能促进幼儿道德的自律和发展。对于幼儿园的孩子,"孝"渗透在生活中的细微之处。因此,我们在生活中实施"四个一"活动,即每天做一件让父母开心的事,每天说一句问候的话,过节送父母一件自己亲手做的礼物,每个人在班级里讲一个孝的故事。我们还开展了"评选孝亲好宝宝"活动,注重激励和树立榜样,使幼儿形成主动的孝亲行为。

(三)形成教育策略

结合以上孝亲教育的内容,我们分别从"环境创设""教育教学活动""区域活动""节日教育""一日生活""家园共育"等几个教育策略着手,开展了"在孝亲主题游戏活动的研究中促进幼儿主体性的发展"的课题研究。

1.在布置孝亲主题墙饰中发展幼儿的主体性

良好的环境创设与利用能使幼儿在与环境的互动中获得各方面能力的发展。如在班级楼道的墙上张贴孩子们的作品,这些作品都是结合开展孝亲主题活动时孩子们动手制作的,如结合教师节张贴一些孩子们的美术作品"我的老师"及"送给老师的贺卡",结合重阳节张贴的孩子们亲手为自己的爷爷奶奶、姥姥姥爷制作的小手工以及在家里为爷爷奶奶、姥姥姥爷做的力所能及的事的照片,如倒水、捶背、扫地、拿拖鞋等,让孝亲教育延续到孩子们的生活中。在幼儿参与的过程中,他们深刻感受,并真正体会到中华传统美德的价值和意义,从而在与环境的相互作用中萌发了孝敬父母的情感。

2.在教育教学活动中发展幼儿主体性

每周开展一节关于孝亲的教育活动,在课程设置的过程中,充分考虑到幼儿学习的特点,利用幼儿喜闻乐见的艺术形式对幼儿进行孝道教育。比如,通过聊天、念儿歌、讲故事、听歌曲等形式对幼儿进行孝心情感的培养,促进幼儿主动、有效地学习。同时还运用孝心人物三字经、古代二十四孝故事、现代身边的孝心人物故事等的讲授,引导幼儿向榜样学习,初步感受孝道,知道怎样做一个文明礼貌、有孝道的好孩子等。关于孝亲教育的相关内容,收录在《蒙童新读本》一书中。

3.在开展区域活动中发展幼儿主体性

在活动区的创设过程中,结合了孝亲主题墙饰的内容,充分考虑了幼儿的学习特点,同时在投放材料的过程中遵循了支持性、趣味性、层次性的原则,从而充分调动了每一位幼儿的主体性。例如:大(三)班开办了孝亲小剧场, 请幼儿将在家的一些生活场景图片带到幼儿园,通过集体讨论"我是怎样做的"提升经验,并在剧场中表现出来,将孝亲教育融入幼儿的日常游戏活动中。大(二)班在区域游戏中开设"孝亲宝宝电视台",请幼儿自主表演孝亲故事,介绍孝亲事迹,并将现代孝亲教故事《孝亲宝宝》结合天津快板进行了情景表演,孩子们在表演的过程中,深刻地体验了爱父母、爱老人的情感。

4.在开展传统节日活动中发展幼儿主体性

中华民族的文化不仅历史悠久,而且博大精深,丰富多彩的民族传统节日便是中国文化不可缺少的一个重要组成部分。我们充分利用传统节日的教育资源,将妇女节、劳动节、母亲节、父亲节、教师节、重阳节、春节等设为孝亲活动日,并结合区五大领域,开展丰富多彩的孝亲教育活动。

5.在一日生活中发展幼儿主体性

《3-6岁儿童学习与发展指南》解读中指出,一日生活各个环节中都蕴含着丰富的学习与发展契机。因此,我们充分利用一日生活的每一个环节来进行浸润式的教育。如:我们利用广播系统在起床时间请小朋友来为大家讲述古代和现代的孝亲小故事。孩子们通过讲述故事、倾听故事,对孝道有了更深入的认识和理解。大(三)班在开展主题活动"继古开今学孝亲"时,每周一由教师选择一则适合幼儿年龄的、与孝亲有关的成语或寓言故事,将题目交给孩子和家长,由家长和孩子通过各种方式和途径学习这则故事。周三至周五每天利用餐前十五分钟请一到两名幼儿来与大家分享自己学到的故事,并集体讨论从故事中学到了什么,应该怎样做。教师将优秀的发言以书面形式记录,结合家长的记录,以文图形式展示在班级墙饰中。

6.在家园共育中发展幼儿主体性

《幼儿园教育指导纲要(试行)》中强调:"幼儿园应与家庭、社区密切合作,与小学衔接,综合利用各种教育资源,共同为幼儿的发展创造良好的条件。"我们通过问卷调查、家长会、家教沙龙等形式向家长宣传"孝敬父母"教育的意义、内容及方法。在家长会上我们与家长一起交流研讨"家庭中孝的现状""孝的教育中家长的责任"等内容,家园共育的几种形式有:

(1)幼儿园开放日活动

结合一些重要节日,如母亲节、父亲节、重阳节、感恩节等,请家长来参加关于孝亲的主题游戏活动,节日主题游戏的设计形式喜闻乐见,幼儿在与家长共同参与的过程中体验了孝道的重要性。

(2)家长园地

在家园联系公开栏,教师定期给家长分享有利于传承孝亲文化的亲子小游戏、亲子小故事,例如游戏"袋鼠妈妈""抬轿子",故事《秘密》《爱您我就抱抱您》等,丰富家长与孩子亲子活动的内容,帮助家长和孩子将传承孝亲文化的意识深深植入内心。

(3)亲子共读

著名的教育家朱永新认为:"从不同角度来看,教育存在着两大基石:阅读与家庭。"而亲子共读则把这两大"基石"紧紧地连在了一起。亲子共读不仅能提高幼儿的阅读和理解能力,还能提高幼儿与父母之间的亲密度,从而促进亲子关系向积极的方向发展。

(4)讲述自己宝宝的孝亲故事活动

通过视频、照片等多媒体形式将幼儿的孝亲表现录制成小电影表现出来,请有业余爱好的爸爸妈妈、爷爷奶奶将孩子在家的表现编写成身边的孝亲故事。

(5)亲子制作

传承孝亲文化的重点在"学做",如中(二)班结合班级主题墙饰"孝亲好宝宝",让孩子在与家长共同记录、设计、制作孝亲小画报的过程中加深幼儿对孝亲文化的认识。

三、研究结论

(一)在课题研究过程中,老师们创编了适合幼儿特点的幼儿园新二十四孝故事,并收录在河东区第一幼儿园传统文化系列丛书"蒙童新读本"中。同时,这些新的孝亲故事都有教育目标、教育建议等,有利于教师及家长对幼儿进行孝亲方面的教育。并且,我们充分利用新媒体,在微信上开创"河东一幼大拇指时空"公众号,请老师和幼儿将其中的故事在这个平台上"讲"出来,以便更多的孩子能听到。

(二)在课题研究过程中,我们从认知、情感、行为三个方面研究内容着手,总结出在孝亲主题游戏活动中促进幼儿主体性发展的策略。根据需要,在开展任何一个研究内容时,都可能同时用上几个研究策略,加大了幼儿以及家长参与的力度,这切实改变了幼儿园孝亲教育中孩子被动学习、教师机械教导的局面,实现了幼儿的主体发展价值。

(三)参与课题研究的幼儿,能够感受到父母的爱,同时明白父母长辈养育自己的辛劳,明白自己可以为父母长辈做一些力所能及的事情。我们今后要做的就是让孝行深深扎根于幼儿心中,深化幼儿的孝行,让幼儿能主动地在生活中发展孝亲行为,让孝文化伴随幼儿。

(四)经过一系列孝亲教育的实践,幼儿园和班级里初步形成了富有特色的孝亲教育模式,我们也不断进行着新的思考:

1.开展孝亲教育要有创新的勇气。

2.对于传统孝道要历史地、辩证地看,在实施孝亲教育时要坚持以现代的积极的观念演绎孝亲的内涵,使之适应现在幼儿的道德生活。

3.幼儿园孝亲教育要遵循道德教育的规律,关注教育的实效性。

4.孝亲教育不能只局限于调节亲子关系的范畴,而应有更宽阔的视野,要

春华秋实
——高歌今名师工作室教育探索与实践

以"大爱"为目标导向,从感恩与热爱父母做起,逐步培养幼儿具有热爱人类的广阔胸怀、爱我中华的高尚品德。

5.孝亲教育应融入幼儿日常生活之中,并且要持之以恒,课题研究虽然已经接近尾声,但孝亲教育依旧任重道远。

参考文献

1.[美]约翰·杜威.学校与社会·明日之学校[M].北京:人民教育出版社,1994:228.

2.郭微.把幼儿传统文化教育融于区域活动中——幼儿传统文化教育模式的探讨[J].幼教天地,2011.

3.中华人民共和国教育部.3-6岁儿童学习与发展指南[M].北京:首都师范大学出版社,2014.

4.中华人民共和国教育部.幼儿园教育指导纲要(试行)[M].北京:北京师范大学出版社,2001.

5.邹晓燕,杨丽珠.养成教育与幼儿道德教育幼儿教育[J].幼儿教育,2005,2.

(此课题为天津市幼儿教育教学研究室课题,获得天津市第六届幼儿园教育教学改革专题研究一等奖)

278